ARCHIVES

DU COGNER

ARCHIVES
DU COGNER

(J. CHAPPÉE — LE MANS)

CORRESPONDANCE

adressée à M. de LALEVERIE, vice-consul à Naples

(1718-1720)

PUBLIÉE ET ANNOTÉE

PAR

R. DE BRÉBISSON

PARIS
HONORÉ CHAMPION,
LIBRAIRE
5, quai Malaquais

LE MANS
A. DE SAINT-DENIS
LIBRAIRE
Rue Saint-Jacques

1912

ARCHIVES DU COGNER

(J. CHAPPÉE. — Le Mans)

CORRESPONDANCE

ADRESSÉE A M. DE LALEVERIE

VICE-CONSUL A NAPLES

1718-1720

PRÉFACE

Avec les années les idées changent ; j'aurais jadis publié avec plaisir des mémoires s'il m'en était tombé sous la main. Actuellement, je n'y tiendrais pas, car après en avoir lu beaucoup, je ne les recherche pas autant. J'ai été heureux de voir que je n'étais pas seul de cet avis et je me permets de citer quelques phrases que je trouve dans une chronique d'un de nos meilleurs historiens, M. Ernest Daudet :

« Au surplus des réflexions et démonstrations qui précèdent, « il résulte que ce n'est pas dans les mémoires, même les plus « consciencieux et les plus réputés, qu'il faut chercher sur les « hommes et sur les choses. Trop souvent le narrateur les a « écrits longtemps après les événements qu'ils relatent et des « oublis involontaires contribuent à la dénaturation de ces évé- « nements. Trop souvent aussi il ne résiste pas au désir de tirer « vengeance des gens dont il a eu à se plaindre. Trop souvent, « enfin, il n'a vu qu'un côté des choses qu'il raconte et sa nar- « ration est naturellement incomplète et inexacte.

« La vérité, dont il affirme être l'écho fidèle, est souvent « aussi singulièrement affaiblie par un désir de se faire valoir et « de se présenter devant la postérité dans la posture la plus « brillante et la plus avantageuse. Je connais bien peu de mé- « moires qui échappent à ces critiques. On ne doit donc accep- « ter leurs dires qu'en les contrôlant, et ceci est vrai pour les « récits de Saint-Simon, de Mme de Remusat, de Marbot, non « moins que pour tant d'autres qui nous ont passionnément

« intéressés parce que sous la forme adoptée par leurs auteurs « le passé nous arrive plus directement, plus vivant et surtout « plus rapproché de nous. »

Je n'ajouterai rien à cette citation ; je dirai seulement que des mémoires ont moins d'intérêt qu'une série de lettres. Elles présentent, en effet, l'exposé des faits qui viennent de se passer ; elles ne sont pas modifiées par suite d'une réflexion ou d'une influence qui change la manière de voir de l'auteur. En effet, le lendemain une lettre n'est plus entre les mains de celui qui l'écrit ou l'a dictée. Une correspondance est donc l'histoire vraie écrite au jour le jour et l'on ne peut suspecter sa véracité.

Quand M. Julien Chappée me proposa de publier la correspondance adressée à M. de Laleverie, vice-consul de France à Naples de 1718 à 1720, j'ai accepté avec plaisir pour deux raisons : la première c'est que la période pendant laquelle ont été écrites ces lettres est particulièrement intéressante et fertile en événements importants ; outre que l'Europe était en guerres continuelles, il y est question de la conspiration de Cellamare, de la publication de la fameuse bulle *Unigenitus* et enfin de la banque de Law ; la seconde raison c'est que le vice-consul de Naples était originaire du Perche, qui est devenu ma patrie d'adoption.

Avant de dire quelques mots des personnes qui joueront un rôle dans cette publication, je crois devoir citer de quoi se compose le dossier qui m'a été confié :

I. — Lettres du cardinal de la Tremoille ; il y en a 73 ; puis une lettre signée d'Hugues, annonçant la mort du cardinal et enfin 6 lettres de l'évêque de Sisteron.

A cause des détails qu'elles contiennent j'ai cru devoir donner ces lettres *in extenso*.

II. — Les lettres du maréchal d'Estrées. Pour ne pas faire double emploi avec les lettres du cardinal, je me suis décidé à donner seulement l'analyse de cette correspondance, en donnant simplement deux lettres ; plus une, de M. Dubourg et une du cardinal Dubois.

III. — Le dossier contient encore cinq lettres adressées à M. de Laleverie après son départ de Naples, savoir :

1° Une convocation du duc de Chaulnes du 1er octobre 1737 pour prendre son service militaire à Versailles ;

2° Une lettre du duc de Picquigny du 1er octobre 1741 le convoque pour le servir auprès du Roi pendant le quartier de janvier ;

3° Autre lettre du même, 7 mars 1742, le convoquant pour le 15 mai ;

4° M. de Chaune Devezanne lui écrit de Versailles le 15 mars 1745 pour le féliciter d'être fait chevalier de Saint-Louis ;

5° Lettre du même pour un décompte de solde.

Ces lettres sont adressées à M. de Laleverie, l'un des 200 chevau-légers de la garde du Roy à Saint-Maurice sur Huygne (*sic*) à Remalard, Perche.

IV. — Deux lettres du prince de Cellamare, en espagnol et en français. En raison de leur importance j'en donne copie à l'Appendice ; en effet, ces deux lettres adressées au cardinal Alberony ont déterminé le renvoi de l'ambassadeur d'Espagne, qui fut reconduit jusqu'à la frontière.

Avant de commencer la publication des lettres, je crois nécessaire de dire quelques mots de M. de Laleverie et de sa famille et des principaux personnages dont on parlera dans la correspondance.

La famille de Chevesailles (alias *Chefsailles* ou *Cheveisailles*) de Laleverie est anciennement connue ; elle est originaire du Perche. Sa filiation n'est suivie régulièrement que depuis Louis de Chevesailles, conseiller du Roi, président des gabelles de Vendôme, et qui fut plus tard grand-maître des eaux et forêts de Touraine ; il épousa Catherine Charles. Il est qualifié, en 1646, chevalier, s[r] des Vergers, conseiller du Roi en ses conconseils. Il eut beaucoup d'enfants et c'est son petit-fils, Henri-Louis, né le 7 février 1692, qui fut capitaine de cavalerie, l'un des 200 chevau-légers du Roi, vice-consul de Naples et chevalier de Saint-Louis. Ses armoiries sont : *de gueules au chevron d'or accompagné de trois étoiles d'argent, 2 en chef et un en pointe au chef cousu d'or ;* couronne de *comte* ; supports : deux lions affrontés (1).

Henri-Louis de Laleverie épousa Mademoiselle de Caumargon et mourut le 10 février 1783.

Je ne continuerai pas la filiation de cette famille, qui n'a pas actuellement de descendants mâles, je donnerai seulement les principales alliances : de la Haye de la Barre, le Tessier de Launay, de la Besnardière. La dernière du nom a épousé, en 1886, M. de Tournebu ; elle possède encore le château des Vergers, à Saint-Maurice-sur-Huisne. C'est à Madame de Tournebu que je dois les renseignements sur sa famille ; qu'elle en reçoive ici tous mes sincères remerciements.

---

(1) Ces armoiries sont celles qui m'ont été données par la famille, je dois donc les considérer comme plus certaines que les suivantes : *d'argent à 6 losanges de gueules posées 3-2-1*, données par A. de Maulde dans l'Armorial du diocèse du Mans, d'après la généalogie manuscrite de Fontenay, Le Mans 1859-1863.

Le cardinal de la Tremoille, dont je vais donner les lettres, s'appelait Joseph-François, était fils de Louis II, duc de Noirmoutier, et de Renée-Julie Aubri. Il était abbé de Lagui, de Sorèze, de Grand-Selve, de Saint-Amand près Tournai, et de Saint-Etienne de Caen, auditeur de Rote à Rome. Créé cardinal par le Pape Clément XI, le 17 mai 1706, et nommé commandeur des ordres du Roi l'an 1708, archevêque de Cambrai en 1718, mourut à Rome, où il était chargé des affaires de France, le 10 janvier 1720.

Le maréchal d'Estrées (Victor-Marie) appartenait à cette grande famille des d'Estrées, éteinte en 1771. Il était né à Paris en 1660, mort en 1737 ; il était aussi vice-amiral.

Plusieurs lettres ont la signature L.-A. de Bourbon au-dessus de celle du maréchal d'Estrées ; il s'agit de Louis-Armand, prince de Bourbon-Conti, lieutenant-général des armées du Roi (1695-1727).

M. de Vincelles, dont il est souvent question, était messire La Ferière de Vincelles (natif de Vincelles en Bourgogne), brigadier des armées du Roy, envoyé extraordinaire chargé des affaires de S. M. très chrétienne dans les royaumes de Naples et de Sicile. Il mourut à Naples en mars 1720.

Je ne sais rien du comte de Charleval. On dit que Henri-Louis de Laleverie, vice-consul, fut chargé des affaires du Consulat de France à Naples, par ordre de la Cour, en l'absence de M. de Charleval. J'en conclus donc que ce dernier était consul.

Voilà tout ce que j'ai pu trouver. Je donne maintenant les lettres du cardinal.

R. DE BRÉBISSON.

I

A Rome, ce 28e Janvier 1718.

J'ay reçu, Monsieur, la lettre que vous avez pris la peine de m'écrire le 24e de ce mois, et vous suis bien obligé des nouvelles qui y estoient jointes. Il paroit qu'on ne peut plus douter de la mort du Roy de Suède, cette mort peut causer un grand changement dans les affaires du Nord, et il se passera apparemment encore bien du temps avant qu'on sçache quel effect produira un événement aussi considerable. Les idées et la fermeté de ce Prince ne laissant pas de tenir une partie de l'Europe comme en suspend.

On a sçu par le retour d'un courrier que M. le Cardinal Aquaviva avoit expédié a Madrid, que la santé du Roy-Catholique estoit retablie, mais ce courrier ne nous a rien appris des resolutions de ce prince depuis ce qui s'est passé en France à l'occasion des lettres de Monsieur le Prince de Cellamare.

On a fait icy mercredy et jeudi derniers cinq abjurations publiques dans l'Eglise de Ste Marie de la Minerve, qui appartient aux Dominiquains, deux le mercredi et trois le jeudi ; ceux qui les ont faites sont gens de peu de conséquence et ignorents. Il s'agissoit à proprement parler d'Atheisme ; on ne peut s'imaginer le concours de toutes sortes de personnes, qui ont voulu assister à cette cérémonie. L'Eglise qui est fort grande, estoit toutte remplie de parquets et d'échafauts pour les personnes de la plus grande considération hommes et femmes.

Le Chevaler de St Georges est sur le poinct d'aller habiter le Palais qui luy a esté préparé, c'est une union de trois maisons ensemble, qui ne sont pas un beau palais en apparence, mais qui luy donnent beaucoup de logement et de commodités.

Je n'ay rien a mander de nouveau sur l'affre de la constitution. Quant aux autres affaires de France, il paroist par toutes les lettres que nous aurons la guerre avec l'Espagne, au moins elle est déclarée. Monsieur le cardinal d'Adda est mort et fait vacquer une septiesme place dans le Collège des Cardinaux. Je vous prie d'estre persuadé qu'on ne peut estre avec plus d'estime et de sincérité que je suis, Monsieur, entièrement à vous.

LE CARD. DE LA TREMOILLE.

II

A Rome, ce 21e May 1718.

Monsieur,

Son Eminence estant à la campagne ne vous écrit point cet ordinaire cy, aussi bien, il n'y a rien qui merite d'estre mandé ; Je vous prie d'avoir la bonté de faire tenir cette lettre a son adresse.

III

A Rome, ce 28e May 1718.

J'ai reçu, Monsieur, la lettre que vous avez pris la peine de m'ecrire le 24e de ce mois, et vous suis obligé des particularités dont vous l'avez accompagnée. Je vous envoye icy une lettre pour Mr d'Hugues, je vous prie d'en faire un paquet avec celle du comandeur Ferretti que je vous recommanday par le dernier ordinaire et de l'addresser au d. sr d'Hugues par la voye d'Ottrante à Corfoue.

Nous ne sommes point encore bien éclaircis sur ce qui arrivera des négociations faites a Londres pour la paix entre l'Empereur et le Roy d'Espagne, les uns la croyent fort avancée, et les autres n'en parlent pas de mesmes, ce qui paroist de vray est que l'on continue de negocier sans pourtant qu'il paroisse que le Roy Catholique ajt fait cesser ses préparatifs. Quant a la paix entre l'Empereur et la Porte, il semble parce qu'on mande de Vienne qu'elle s'avance fort, et que les Jurés commencent à se relacher sur Belgrade, qui apparemment sera le point principal pour la décision de la paix ou de la guerre. Pour ce qui est des affaires qui se passent à Rome, une des principales présentement est celle qui regarde les bulles de l'Archeveché de Seville ; Le Roy Catholique a pris fort hautement la suspension que le Pape a fait de ces bulles, et M. le Cardinal Aquaviva, qui a reçu un courrier exprès pour cela, presse extremement pour qu'elles ne sojent plus différées ; on ne sçait point encore quelle resolution le Pape prendra, ni quand le consistoire se tiendra, ni si cette Eglise sera proposée dans ce contistoire ; L'engagement est cependant fort grand, et si cette affaire ne s'accomode pas cela pourroit causer une seconde rupture entre cette cour et celle d'Espagne ; Ainsi voila bien des affaires dans le monde sur le poinct de se rompre ou de s'accomoder, sans compter celles du Nord ou il y a bien de la brouillerie, surtout s'il est vray que le Roy de Prusse veuille entrer, comme on le dit en Pologne avec une armée considérable.

Je n'ay rien à dire cette semaine sur l'affaire de la constitution, comme celle des Eglises de France est terminée, nous sommes au moins délivrés de ce point qui estoit separé de l'autre ; il faut esperer que Dieu mettra la main sur le principal qui reste encore à terminer, car c'est sa cause et celle de l'Eglise.

Monsieur le Comte de Charollois arriva icy mardi dernier à dix heures du soir. Je vous prie, Monsieur, d'estre persuadé que je suis de tout mon coëur entierement a vous

LE CARD. DE LA TREMOILLE.

IV

A Rome, ce 4e Juin 1718.

J'ai reçu, Monsieur, la lettre que vous avez pris la peine de m'écrire le 31e du mois passé et vous suis fort obligé des nouvelles qui l'accompagnoient. On ne scait encore rien de certain sur la guerre ou la paix d'Italie ; Les lettres de Paris du 25 may que j'ay reçues par un courrier qui m'a esté expédié de la Cour n'en disent rien, je suppose qu'on y attendoit des reponses de Londres sur celles qui estoient venuës d'Espagne, il paroist cependant que la negociation continuoist tous jours et que Mr de Nancré ne songeoit point encore à retourner de Madrid.

Le Pape ayant persisté a vouloir differer la proposition de l'Archevéché de Seville jusqu'a ce qu'il eut eu quelques satisfactions qu'il demande sur des poincts qui regardent l'Evêché de Vic et l'administration des revenus de l'Eglise de Sarragosse, Mr le Cardl Aquaviva a renvoyé le courrier qui luy avoit esté expédié à cette occasion pour rendre compte au Roy son maistre, de cette resolution de S. S., et cependant a fait intimer l'ordre qu'il a recu de Sa Majesté a tous les Espagnols de sortir de Rome, ce qu'ils executent quoique avec bien de la peine, un grand nombre d'entr'eux gardants par là l'espérence qu'ils avoient d'obtenir en daterie et ne scachant ou trouver de quoi s'en retourner, c'est une désolation parmy tous ces pauvres gens.

Quoique les apparences soient que la paix pourra se conclure entre l'Empr et la Porte, on ne voit encore rien de certain sur cela. Pour les affaires du nord, il est bien difficile d'en parler, car on est dans l'obscurité plus que jamais sur ce qui se passe de ce coté la.

La conclusion de l'affaire des bulles de France y a esté agréé, et a prevenu un nouvel engagement qu'on estoit peut estre sur le poinct d'y prendre pour remedier à l'inconvenient de voir les églises si longtemps privées de leurs pasteurs. Je vous prie d'estre persuadé qu'on ne peut estre avec plus d'estime et de sincerité que je suis Monsieur ensièrement à vous

LE CARD. DE LA TREMOILLE.

V

A Rome, ce 11 Juin 1718.

J'ai reçu Monsieur, la lettre que vous avez pris la peine de m'écrire le 1er de ce mois, et vous suis bien obligé des nouvelles dont elle estoit accompagnée. Comme nous n'avons rien de plus particulier cette semaine que la semaine passée sur la guerre de Hungrie, et que nous ne sçavons point encore à quoi aboutiront les préparatifs de l'Espagne sur lesquels on parle diversement, les uns croyans que la paix se faira, et les autres que le Roy Catholique voudra tirer quelque fruit de l'armement considerable qu'il a fait, on ne peut encore rien dire de certain sur ces événements; ainsi ce n'est proprement que pour accuser la reception de votre lettre que j'écris ces deux lignes estant occupé d'ailleurs occupé a renvoyer un courrier qui m'a esté expedié de France.

Le Pape tint mercredy dernier un consistoire dans lequel l'Eglise de Seville ne fut point proposée. Celles de France y furent proposées et préconisées et ces propositions ont repris leurs cours comme auparavant.

Monsieur le Card[l] Patrizy partit avant hier pour aller à Ferrare y exercer sa legation. Je vous prie d'être persuadé qu'on ne peut estre avec plus d'estime et sincerité que je suis Monsieur entierement à vous.

LE CARD. DE LA TREMOILLE.

VI

A Rome, ce 18e Juin 1718.

J'ay reçu Monsieur, la lettre que vous avez pris la peine de m'écrire le 14e de ce mois, et vous suis fort obligé des nouvelles qui y estoient jointes. On commence fort à douter que la paix se puisse faire en Hungrie avant la campagne, si elle est heureuse à l'Empereur, comme il y a lieu de le croire, il sera bien plus en estat de donner la loy aux Turcs et de ne plus rien craindre de leur part a l'advenir.

Si tout ce qu'on mande des forces d'Espagne est véritable, les Espagnols seront en estat de faire des progrès considerables, on ne pénetre point encore par où ils doivent commencer, l'inquiétude doit estre grande a Milan et a Naples, enfin l'affaire commence à devenir bien serieuse. S'il est vray, comme on le dit, que le Roy Catholique ne s'eloignoit pas de traicter de la paix, pourvu qu'on fist ses conditions meilleures, il pourroit arriver telle chose qu'on seroit peut estre faché de ne l'avoir pas écouté. Mais il faut suspendre son jugement sur ce qui peut arriver, car nous sommes dans un cas fort surprenant auquel on ne se seroit pas attendu. On ne peut pénétrer jusqu'à cette heure ce que fera le Roy de Sicile, ce prince a de quoi exercer ses grands talents.

Le Pape a aussi de quoi exercer les siens ayant des affaires plus que jamais avec tous les princes de l'Europe, et jusques dans la Chine, d'où j'apprends qu'il a reçu de très mauvaises nouvelles par rapport aux missions ; Sa Sté ne peut aussy estre sans inquiétude par rapport à la guerre qui se prépare en Italie, ce qu'il y a de bien facheux encore, est qu'on n'entend parler par tout que de misere.

On sent icy une chaleur extraordinaire et prematurée, qui incommode extremement. Le Pape asssista jeudi dernier a la procession et porta le St Sacrement. Je vous prie d'estre persuadé qu'on ne peut estre avec plus d'estime et de sincérité que je suis, Monsieur, entierement a vous.

LE CARD. DE LA TREMOILLE.

VII

A Rome, ce 25e Juin 1718.

J'ay reçu Monsieur, la lettre que vous avez pris la peine de m'écrire le 21e de ce mois, et vous suis fort obligé des nouvelles dont elle estoit accompagnée. Enfin nous voila bientôt à la veille d'estre eclaircis sur les desseins du Roy Catholique, puisque les troupes commençoient à s'embarquer a Barcelone dès le cinq de ce mois, on pretend que la flotte est composée de plus de 500 bastiments de transports, qui portent quinze mille hommes d'infanterie et cinq mille de cavalerie, sans compter apparemment les troupes qui estoient desja en Sardaigne ; il y a longtemps qu'on n'avoit oüy parler d'un si prodigieux armement par mer, nous ignorons jusqu'à cette heure ou elles pretendent debarquer ; on pretend encore que cette flotte est pourvue de canons en quantité, de vivres et d'argent. Quant à la guerre de Hungrie, ce qui se passera de ce costé la est encore fort incertain, on mande néantmoins de Vienne que les plenipotentiaires de la Porte avoient reçu leurs pleins pouvoirs, ce seroit une marque que le grand Turc songe à la paix de bonne foy. Il n'est plus necessaire de raisonner sur les affaires du nord, car plus on advance et moins on y comprend.

On dit que la recolte des bleds sera assez bonne icy, mais plusieurs autres danrées ont souffert de la sécheresse qui a duré longtemps quand on avait besoing de pluye.

L'Edict qui vient d'estre publié en France pour la nouvelle fabrique de la monnoye commence desjà a causer un grand dérangement sur le change, ce sera une perte considerable pour ceux qui seront obligé de faire venir leur argent de France icy et ailleurs ; on y perd prés de la moitié. Je vous prie d'être persuadé qu'on ne peut estre avec plus d'estime et de sincerité que je suis Monsieur, entierement a vous.

LE CARD. DE LA TREMOILLE.

VIII

A Rome, ce 2e Juillet 1718.

J'ay reçu Monsieur, la lettre que vous avez pris la peine de m'écrire le 28e juin dont je vous suis fort obligé. Il paroit par les dernières lettres de Vienne que la paix entre l'Empereur et la Porte s'avançoit fort, et qu'on ne doutoit presque plus qu'elle ne se fit, au moins on suppose que les plenipotentiaires Turcs estoient desja convenus de poins si avantageux pour l'Empereur qu'avec cela seul ce Prince fairoit une paix très glorieuse pour luy.

Le bruit courre icy que la flotte d'Espagne soit arrivée à Gennes et aux côtes de cet estat. Le 27e du mois passé, cette nouvelle confirmation, mais si elle est veritable, il y a apparence que les Espagnols veuillent aller à Milan. Tout le monde cependant est toujours dans l'admiration de ce grand armement, et on est fort curieux de sçavoir si les vaisseaux d'Angleterre seront bientost en marche pour la Mediterranée, et suppose qu'ils y entrent quelle contenence ils fairont, car bien des gens sont persuadez qu'ils garderont des mesures avec le Roy Catholique par rapport au commerce que les Anglais ne voudront point hazarder, et jusqu'a cette heure personne ne peut penetrer quelle sera la conduite du Roy de Sicile ; on s'aperçoit seulement que ce prince a beaucoup de peine à se resoudre de consentir à la cession de ce Royaume.

Le Pape tint lundi dernier un consistoire dans lequel on continua de proposer les Eglises de France, on y proposa aussi l'Eglise a laquelle l'Empereur a nommé Mgr Altains qui est icy auditeur de Rote pour la nation allemande. Don Alexàndre Albani a pris l'habit de Prelat, Sa Sainteté ne luy a point encore donné d'employ voulant qu'il passe par les voyes ordinaires de la Prelature. Je vous prie Monsr, d'estre persuadé qu'on ne peut estre avec plus d'estime et de sincérité que je suis entièrement à vous.

LE CARD. DE LA TREMOILLE.

IX

A Rome, ce 9 Juillet 1718.

J'ay reçu Monsieur, la lettre que vous avez pris la peine de m'écrire le 5e de ce mois et vous suis fort obligé des nouvelles dont elle estoit accompagnée. On ne sçait rien de plus particulier que la semaine passée sur les affaires de Hungrie, et on parle différemment sur la paix ou la guerre entre l'Empereur et la Porte.

On commence a estre surpris de ne rien sçavoir encore de la flotte d'Espagne, quelques advis pretendent qu'elle estoit partie le 29e juin de Cagliari, et qu'elle faisoit voile du costé de la Calabre, il se peut faire que les vents n'ayent pas esté favorables ; cependant cette flotte doit tenir assés de pays pour qu'on put en scavoir quelque nouvelle.

Quoique la saison ait esté fort advancée et que les chaleurs ayant esté excessives, il y a bien des gens qui ne sont pas encore revenus de la campagne, on commence a estendre beaucoup plus loing qu'on faisoit le temps de rentrer dans Rome avant les chaleurs, on le pousse presentement presques jusqu'à la canicule.

On ne sçait encore si les representations du parlement produiront quelque changement sur l'édit qui a esté donné pour la nouvelle fabrique de la monnoye. Il n'y a rien icy de particulier qui merite d'estre mandé. Je vous prie d'estre persuadé qu'on ne peut estre avec plus d'estime et de sincerité que je suis, Monsieur entierement à vous.

LE CARD. DE LA TREMOILLE.

X

A Rome, ce 16e Juillet 1718.

J'ay reçu Monsieur, la lettre que vous avez pris la peine de m'ecrire le 12e de ce mois et vous suis fort obligé des nouvelles qui l'accompagnoient, Il est inutile de vous en envoyer sur la flotte de l'Espagne et ses entreprises, car comme vous estes plus a portée, vous devez estre plus tost informé que nous de ce qu'elle operera en Sicile ; j'espère que vous me fairez part régulièrement de tout ce que vous scaurez à cette occasion.

Les lettres de Vienne parlent de la paix entre l'Empereur et la Porte comme d'une chose assurée, les conditions qu'on suppose paroissent fort advantageuses pour l'Empereur, on ne voit pas encore bien comment la Republique de Venise sera traittée.

Il ne s'est rien passé icy de remarcable qui merite d'estre mandé ; et je vous prie d'estre persuadé qu'on ne peut estre avec plus d'estime et de sincérité que je suis Monsieur, entierement à vous.

LE CARD. DE LA TREMOILLE.

XI

A Rome, ce 23 Juillet 1718.

J'ay reçu Monsieur, la lettre que vous avez pris la peine de m'écrire le 19e de ce mois, et vous suis bien obligé des nouvelles qui l'accompagnoient. Les lettres de Vienne parlent toujours de la paix de Hungrie comme assurée, mais la difficulté ne roulant plus que sur le plus ou le moins du temps pour la durée de la trêve, il ne paroist pas qu'on voye bien clair dans ce qui regarde les intérests des Venitiens.

Quelques troupes de l'Empereur ont eu le passage et sont passées par l'estat de Ferrare et autres estats de l'Eglise pour se rendre dans le Royaume de Naples.

On prétend qu'il y a eu du mal entendu dans ce qui s'est passé à Madrid touchant la nunciature. On dit icy que le Pape n'avoit point envoyé ordre à Mr Aldovrandi de la fermer ; on écrit d'Espagne que le Roy Cat. l'en avait voulu dissuader et que ce n'est que sur ce qu'il vouloit demeurer à Madrid sans caractère que S. M. luy avoit faict sçavoir que la nunciature estant fermée et luy sans caractère, il estoit inutile qu'il demeurat auprès d'Elle, et qu'il pouvoit se retirer, ainsi on ne voit pas bien clair dans ce faict.

On assure que dans la dernière audiance que l'Ambassadeur de l'Empereur eut du Pape, S. S. luy parla tres fortement sur les griefs dont elle se plaind de la part de ce prince, et en particulier sur la détention de Comachio, et sur l'expulsion de son nunce de Naples. Je vous prie d'estre persuadé qu'on ne peut estre avec plus d'estime et de sincérité que je suis Monsieur, entièrement à vous.

LE CARD. DE LA TREMOILLE.

XII

A Rome, ce 30e Juillet 1718.

J'ay reçu Monsieur, la lettre que vous avez pris la peine de m'ecrire le 28e de ce mois, et je vous suis fort obligé des nouvelles y jointes; comme elles roulent toutes sur les affaires de Sicile, et que quelques occupations necessaires m'empêchent de pouvoir m'etendre longtemps, je me contenterai de vous dire que je vois par toutes les lettres de Vienne et d'ailleurs qu'on compte toujours la paix ou la trêve de Hungrie comme faite. Il ne s'est rien passé icy qui mérite d'être mandé; les chaleurs qui continuent depuis longtemps sont fort excessives. Je vous prie d'estre persuadé qu'on ne peut estre avec plus d'estime et de sincérité que je suis, Monsieur, entièrement à vous.

LE CARD. DE LA TREMOILLE.

XIII

A Rome, ce 6 Aoust 1718.

J'ay reçu, Monsieur la lettre que vous avez pris la peine de m'écrire le 2e de ce mois et vous suis bien obligé des nouvelles qui estoient jointes. Il n'y a pas lieu de douter que la trève entre l'Empereur la Republique de Venise, et la Porte n'ait esté conclüe. Quoique les Venitiens y perdent la Morée, je crois qu'ils ne laissent pas de se trouver soulagés d'un grand poids, par la fin d'une guerre qu'ils ne pouvaient plus soustenir. Il est question présentement de scavoir si l'alliance entre le Czar, le Roy de Suède et le Roy de Prusse dont on parle plus que jamais, se conclura et quel est l'objet de ces princes, esgalement redoutables par leurs forces, et par leurs qualités personnelles.

Il paroist par les dernières lettres de France, qu'on n'y scavoit pas encore, que les desseins du Roy Catholique fussent entre la Sicile et qu'on ne s'y attendoit pas qu'ils fussent tournés de ce costé la les lettres parlent différemment de la quadruple alliance; car les unes portent qu'elle estoit signée, et les autres, qu'elle ne l'estoit pas encore. Si elle ne l'estoit pas, quand la nouvelle de l'entreprise de Sicile y sera arrivée, elle aura pu apporter quelque changement, ou au moins faire différer la conclusion de ce traitté, auquel il paroist que la Hollande n'avoit pas encore resolu de se joindre. On est icy fort curieux de scavoir ce que faira la flotte d'Angleterre. Je vous prie d'estre persuadé qu'on ne peut estre avec plus d'estime et de sincérité que je suis, Monsieur, entièrement à vous.

LE CARD. DE LA TREMOILLE.

XIV

A Rome, ce 15e Aoust 1718.

J'ay reçu Monsieur, la lettre que vous avez pris la peine de m'écrire le 9e de ce mois et vous suis bien obligé des nouvelles qui y estoient jointes. Nous attendons icy à chaque moment de scavoir ce qu'aura fait la flotte angloise, qui doit estre à la vüe de celle d'Espagne puis qu'elle avoit fait voile vers Messine.

On apprend par les lettres de Paris que Monsieur Stanope en estoit parti, le 21e du mois passé pour se rendre à Madrid, ou il avoit expédié un courrier pour pressentir s'il y seroit reçu, et ce courrier devoit le venir trouver de Madrid à Bayonne. Il semble qu'on ne voit pas encore bien clair dans la signature de la quadruple alliance.

Monsieur le Cardinal Aquaviva ayant reçu un nouvel ordre du Roy Cath. de signifier à tous les Espagnols de sortir de Rome en leur prescrivant un terme de quatre mois pour se rendre chez eux, sur ce que plusieurs s'étoïent contentés de s'absenter de Rome, le premier ordre ne portant pas de retourner tout d'abord en Espagne; et l'ayant fait signifier aux Religieux comme aux autres, le pape a fait aussi signifier a tous les generaux des ordres ou supérieurs qu'ils eussent à intimer en présence de témoins à tous leurs religieux defense de sortir soubs peine d'excommunication, ce qui va encore augmenter la querelle, car les Religieux, au moins la plupart obéiront au Pape. Je vous prie d'estre persuadé qu'on ne peut estre avec plus d'estime et de sincérité que je suis Monsieur entièrement à vous.

LE CARD. DE LA TREMOILLE.

XV

A Rome, ce 20e Aoust 1718.

J'ay reçu, Monsieur la lettre que vous avez pris la peine de m'écrire le 6e de ce mois, et vous suis bien obligé des nouvelles qui y estoient jointes. On debite icy depuis le passage d'un officier de l'Empereur qui va de Naples à Vienne, et d'un courrier à Turin, qu'il y a eu un combat entre les Espagnols et les Anglais à quelques lieues de Syracuse, et que les premiers avoient esté entierement defaits : comme vous en devez estre mieux informé que nous ne le sommes icy, j'espère que vous m'en enverrez le detail. Cependant les négociations continuent à Londres, et il faut voir quel effet produira le voyage de M. Stanoppe en Espagne. L'Empereur consent à ce qui a esté projetté pour la paix. Bien des gens doutent que le Roy d'Espagne veuille consentir aux conditions qu'on luy impose.

On n'a rien appris de nouveau par cet ordonnance touchant la ligue des Princes du Nord.

Le Nunce du Pape qui estoit en Espagne est en chemin pour revenir. Les Cours de Rome et de Madrid sont presentement plus brouillées que jamais, et pour dire la verité, on ne voit pas trop bien par où finiront touttes ces affaires qui sont présentement sur le tapis en Europe. Je vous prie d'estre persuadé qu'on ne peut estre avec plus d'estime et de sincérité que je suis Monsieur, entièrement à vous.

LE CARD. DE LA TREMOILLE.

Après cette lettre écrite, l'Ambassadeur de Venise a eu nouvelle que les Venitiens avoient battu la flotte des Turcs, et que le combat avoit esté recommencé jusqu'à trois fois, que les Turcs avoient eu onze sultanes demastées sans que la flotte des Venitiens ait esté endommagée.

XVI

A Rome, ce 21e Aoust 1718.

Jusqu'à cette heure que j'écris cette lettre, Monsieur, je n'ay point reçu des votres, l'ordinaire n'étant pas encore arrivé. Par une felouque qui arriva hier de Messines nous avons eu des nouvelles assez favorables de la flotte d'Espagne touchant le combat qui a esté donné entre elle et celle d'Angleterre ; il est inutile que je vous entretienne la dessus, car vous devez estre plus tost informé que nous de ce qui s'est passé. Mr le Cardl Aquaviva dépecha un courrier en Espagne après l'arrivée de la d. felouque.

Comme Mr Stanhoppe avait eu ses passeports tels qu'il les avoit desirés pour passer à Madrid, il doit estre présentement en pleine negociation sur les projets de paix selon la convention signée en France et en Angleterre.

On n'a point reçu de détail plus particulier des actions qui se sont passées entre la flotte Venitienne et celle des Turcs, on juge qu'il n'y a pas eu grand advantage ny de part ny d'autres, et comme la conclusion de la Trève entre la Republique et la Porte faira cesser dorenavant touttes les hostilités, on n'a pas beaucoup de curiosité d'estre informé exactement de ce qui s'est passé.

La feste de St Louis fut celebrée jeudi dernier dans l'Eglise Nationale de S. Louis, comme à l'ordinaire, tout le Collège à la reserve de quelques cardinaux incommodés, assista à la Chapelle, et j'y fus pour les recevoir avec un nombreux cortège de Prelats, et de cavaliers Romains, Espagnols et françois qui me firent l'honneur de m'accompagner.

Je vous prie d'estre persuadé qu'on ne peut estre avec plus d'estime et de sincérité que je suis Monsieur, entièrement à vous.

LE CARD. DE LA TREMOILLE.

M[r] l'Ambassadeur de l'Emp[r] a recu un courrier en suitte duquel on a debité des billets qui porte la défaite de l'armée navale d'Espagne le 11e de ce mois.

XVII

A Rome, ce 3e Septembre 1718.

J'ai reçu, Monsieur, la lettre que vous avez pris la peine de m'écrire le 30e du mois passé, et vous suis fort obligé des nouvelles qui y étaient jointes aussi bien que de la relation du combat qui a esté donné entre les flottes d'Espagne et d'Angleterre. Depuis que l'on a publié icy la defaicte de la première M. le Card[l] Aquaviva n'a pas eu de nouvelles en droiture de cette action. Il y a apparence que cette flotte aura esté maltraitée mais on ignore jusqu'à quel point, car on a vu plusieurs listes qui ne s'accordent pas en tout. S'il est vray que les Piedmontois ayant introduict des troupes allemandes dans la citadelle de Messine, il y a apparence que le Roy de Sicile aura consenti au projet qui a esté fait à Londres de faire passer la Sicile entre les mains de l'Empereur. Il n'est plus question que de voir ce que produira la négociation que M. Stanhoppe est allé faire à Madrid, ou on ne pouvait point encore sçavoir ce qui estait arrivé à la flotte du Roy Catholique.

Il vient d'arriver une felouque de Palerme qui apporte des lettres du 26, mais rien de plus particulier de Messine. Il paraistroit par ces lettres que les choses seroient différentes de ce qui est porté par les relations qui ont cour ici de Naples, mais comme elles ne citent point de nouvelles de la flotte même ni des généraux qui la commandent, il est plus sage de ne point hazarder de débiter des nouvelles qui peut estre ne se vérifiroient point, c'est pourquoi il vaut mieux attendre ce qui viendra de Messine en droiture et nous ne devrions pas estre encore bien longtemps sans estre eclaircis de la vérité. Comme toutes les nouvelles de ce pays ci roulent principalement sur ce qui se passe du costé de Sicile, on ne songe point aux autres ; et je ne sache rien de particulier à vous faire sçavoir. Je vous prie d'estre persuadé qu'on ne peut estre avec plus d'estime et de sincerité que je suis Monsieur entièrement à vous.

LE CARD. DE LA TREMOILLE.

XVIII

A Rome, ce 10e Septembre 1718.

J'ay reçu, Monsieur, la lettre que vous avez pris la peine de m'écrire le 6e de ce mois et vous suis fort obligé des nouvelles qui y estoient jointes. On ne peut plus douter que la flotte d'Espagne n'ait esté défaite et celuy qui la commandait n'ait esté aussi fait prisonnier, mais ni les lettres de Palerme du 2e de ce mois, ni celles de Messines du 26e du passé ne nous donnent un détail exact de ce qui s'est passé.

Le Pape publia jeudi dernier une bulle par laquelle il déclare séparés de sa communion ceux qui n'ont point accepté ou n'accepteront pas la constitution *Unigenitus* de quelque caractère et dignité qu'ils soient revêtus, Episcopale, Archiépiscopale, et de Cardinal, sans néantmoins nommer personne en particulier ; ainsi il y a bien lieu de craindre au schisme, qui est ouvert par là avec Rome ; et si les Evêques de France, qu'il exhorte à suivre son exemple par cette même bulle, font de mesme, le schisme sera aussi en France. Il est bien difficile de prévoir les suites de cette séparation ; il est fâcheux que le Pape ait voulu prendre ce party, dans le temps que M. le Régent faisoit tous ses efforts pour terminer cette affaire qui dure depuis cinq ans. Je vous prie d'être persuadé qu'on ne peut estre avec plus de sincerité que je suis, Monsieur, entièrement à vous.

LE CARD. DE LA TREMOILLE.

XIX

A Rome, ce 17e Septembre 1718.

J'ay reçu, Monsieur, la lettre que vous avez pris la peine de m'écrire le 13e de ce mois, et vous suis bien obligé des nouvelles dont elle estoit accompagnée. Les dernières lettres qu'on a reçu de Messine portent que le siège de la citadelle avançoit fort et quoi qu'elle reçut des secours et des rafraichissements de Reggio, elle ne pouvoit cependant pas résister fort longtemps.

Depuis la bulle que le Pape publia le 8e de ce mois, on ne peut juger de ce qui arrivera sur l'affaire de la Constitution, jusqu'à ce qu'on ait appris quel effect elle aura produit en France ; il est difficile d'en espérer un bon, car on est persuadé qu'il y a bien des gens dans les deux partis qui n'attendoient que ce signal de Rome pour éclater, les uns d'une manière, les autres d'une autre.

Il y a si longtemps qu'on parle des alliances et des desseins du Roy de Suède et du Czar, qu'on devroit estre moins dans l'obscurité qu'on est sur les affaires du Nord, mais on n'en est pas plus informés qu'on ne l'estoit il y a dix ans dans le temps que le Roy de Suède estoit à Bender.

On dit que le Pape n'ira point cette année à Castelgaudolphe, S. S. avait accordé l'usage de cette maison au Chevalier de St Georges pour qu'il pût venir après la Toussaint, il me semble qu'il n'est pas encore bien certain s'il y viendra. Je vous pris d'estre persuadé qu'on ne peut estre avec plus d'estime et de sincerité que je suis, Monsieur, entièrement à vous.

LE CARD. DE LA TREMOILLE.

XX

A Rome, ce 5e de Novembre 1718.

J'ay reçu, Monsieur, la lettre que vous avez pris la peine de m'écrire le 1er de ce mois, et vous suis bien obligé des nouvelles qui l'accompagnoient.

On n'a rien appris de plus particulier sur la détention de la Princesse Sobieski à Inspruck, et on suppose que le Chever de St Georges ne laissera pas de se rendre bientost à Castelgandolfe.

Le passage des troupes allemandes, dont une partie passe par Gênes, et l'autre partie, c'est-à-dire quelques régiments de cavalerie, par l'Estat Ecclesiastique, fait un grand dommage à cet Estat ; car il n'y a point absolument de fourrage dans le Ferrarois et dans la Romagne où tout en souffre.

Quelque chose qu'on mande des traités entre le Czar et le Roy de Suède, ces affaires du Nord sont toujours dans l'obscurité ; il paroist qu'on en est pas plus surement informé que des affaires de Chine, encore sçait-on quelque chose de temps en temps de ces dernières, qu'en donne quelque connaissance et de plus assuré.

Nous avons appris par les dernières lettres de France que le retour de M. le Marquis de Nancré de Madrid à Paris avoit esté différé et on inferoit de là qu'il pourroit y avoir quelque commencement de négociation. Je ne sache rien de plus particulier qui mérite d'estre mandé et je me contenterai de vous prier d'estre persuadé qu'on ne peut estre avec plus d'estime et de sincérité que je suis entièrement à vous.

LE CARD. DE LA TREMOILLE.

XXI

A Rome, ce 12e Novembre 1718.

J'ay reçu, Monsieur, la lettre que vous avez pris la peine de m'écrire le 8e de ce mois et vous suis bien obligé des nouvelles qui l'accompagnoient. Nous avons reçu enfin des nouvelles en droiture de Sicile, par lesquelles il paroist que l'action qui s'est passée à Melazzo le 15e octobre a esté chaude, que la victoire et l'honneur de l'action a esté sans contredit pour les Espagnols, la difficulté ne peut rouler que sur le plus ou le moins de gens de tués ou blessés des deux costés, les relations prétendent qu'il y a plus de trois mille hommes tués, blessés ou prisonniers de la part des Allemands avec la prise du Général Véterani et plusieurs officiers, du costé des Espagnols il y a environ douze cents hommes de perdus, le Chevalier de Lede et le Duc d'Atri sont au nombre des blessés, mais sans danger, on s'attendoit à une seconde action, les troupes de l'Empereur descendant tous les jours dans cette isle.

Quelques lettres portent que Dantzic estoit assiégé par mer et par terre par les troupes du Czar et du Roy de Prusse, pendant que le Roy de Suède est entré en Norvège et y fait des progrès ; si cela est véritable les affaires du Nord commenceront bientôt à s'éclaircir.

La Princesse Sobieski est toujours arrestée à Inspruck, on prétend que l'Empereur attend des nouvelles du Roy d'Angleterre sur cela, plusieurs personnes de la suite du Chevalier de St Georges sont arrivées à Rome, ou il doit bientôt venir luy mesme pour y passer quelques jours et aller ensuite à Castelgandolfe.

Monsieur le Cardl Bichi est mort et fait vaquer une sixième place dans le Collège des Cardinaux. Made de Bracciano fille du Prince Borghese qui avoit épousé l'héritier de Don Livio-Odescalchi est morte en couches après avoir accouché d'un fils et d'une fille ; le fils mourut d'abord et reçut pourtant l'eau, la fille est encore vivante.

Les affaires de l'Eglise de France sont plus brouillées que jamais, on n'entend parler que d'appels et de mandements, et on ne voit poinct jusqu'à cette heure de jour pour les accomoder. Je vous prie d'estre persuadé qu'on ne peut estre avec plus d'estime et de sincérité que je suis, Monsieur, entièrement à vous.

LE CARD. DE LA TREMOILLE.

XXII

A Rome, ce 19e Novembre 1718.

J'ay reçu, Monsieur, la lettre que vous avez pris la peine de m'écrire le 15e de ce mois, et vous suis bien obligé des nouvelles qui y estoient jointes. Il en est manqué cette semaine de plusieurs endroits, et celles que nous avons reçues ne nous instruisent pas beaucoup des affaires du monde. Il semble que la Pologne va devenir le théâtre de la guerre du costé du Nord, et les puissances qui s'en meslent pourroient bien ne pas se contenter d'une campagne ni la finir si tost que les Turcs ont fini leur entreprise, ainsi cette guerre peut devenir bien sérieuse. La Sicile est aussi présentement le théâtre de la guerre du costé d'Italie, et par conséquent le reste de cette partie de l'Europe en souffre comme si cette guerre soit au milieu d'elle, tant à cause des passages des troupes que pour les quartiers d'hyver et les contributions.

Le Pape tint lundi dernier un consistoire, et il y a paru avec un très bon visage, quoique S. S. ait eu quelque petite incommodité, dont elle se porte beaucoup mieux ; il ne se passa dans ce consistoire que des préconisations et des propositions d'Eglises et autres choses courantes.

Le Chever de St Georges est arrivé en cette ville, et loge présentement chez Mr le Cardl Gualterio, d'où on dit qu'il doit aller à Castelgandolfe, mais il paroist qu'il a plus tost envie de rester à Rome, car il a vû quelques Palais, il ne s'est pourtant encore déterminé sur aucun. Je vous prie d'estre persuadé qu'on ne peut estre avec plus d'estime et de sincerité que je suis, Monsieur, entièrement à vous.

LE CARD. DE LA TREMOILLE.

XXIII

A Rome, le 26e de Novembre 1718.

J'ay reçu, Monsieur, la lettre que vous avez pris la peine de m'écrire le 21e de ce mois et vous suis fort obligé des nouvelles qui l'accompagnoient. Il paroist par les dernières lettres de France que Monsr de Nancré devoit bientost partir de Madrid, sans avoir rien conclu, aùssi plusieurs advis de France parlent comme si la guerre devoit être portée en Espagne mesme, pour obliger le Roy par une puissante diversion à entrer dans les moyens de paix, qui ont esté conclus à Londres; il ne paroissoit pas jusqu'à cete heure que la Hollande voulut entrer dans l'Alliance et on prétend que bien des gens n'estoient pas contents en Angleterre de l'incident qui avoit donné occasion à la saisie des effects des Anglois dans les ports du Roy Cat[e] et on craignait qu'il n'y eut du trouble dans le Parlement.

Le Chevalier de St Georges est toujours à Rome où il veut apparemment establir sa demeure, je ne sçache pourtant point qu'il ait encore fait arrester de Palais.

Le Pape assista mercredy dernier à la Chapelle qui se tient tous les ans pour l'anniversaire de sa création, et parut se fort bien porter. Sa S[té] alla le même jour à l'Eglise St Clément, elle donna le même jour aussi à M[r] le Cardinal Siotti, en tiltre la charge de Prefect de la Signature, qu'il n'exerçoit que par interim, et à M. le Cardinal Corradini celle de Prefect de la Congregation du Concile, qu'il exerçoit de même par interim depuis la mort de M[r] le Cardinal Panciatichi. J'arrive de la Campagne ou j'ai esté passer quelques jours, et n'ayant rien appris de plus particulier qui mérite d'estre mandé, je me contenteray de vous assurer de l'estime et de la sincerité avec lesquelles je suis, Monsieur, entièrement à vous.

LE CARD. DE LA TREMOILLE.

XXIV

A Rome, le 3e Décembre 1718.

J'ay reçu, Monsieur, la lettre que vous avez pris la peine de m'écrire le 29e du mois passé, et vous suis bien obligé des nouvelles qui l'accompagnoient. Je ne vous mande point de celles de Sicile, ni ce qui se passe à Melazzo, on dit que quelques lettres portent qu'un convoi de troupes d'Espagne est arrivé en Sardaigne.

Plusieurs lettres continuent de parler des apparences de guerre entre la France et l'Espagne en cas que le Roy Catholique ne veuille pas consentir aux propositions qui luy ont esté faites; mais bien des gens ont de la peine à croire qu'on en vienne à cette extremité, il y a même quelques advis qui portent que l'on pourroit entamer quelque autre traité que celuy dont il a esté question jusqu'à cette heure; cependant les troupes d'Allemagne viennent en Italie, et l'Empereur demande des contributions considérables aux Princes qui la composent, ainsi ces Princes souffrent desjà les effects de la guerre avant qu'on sçache si elle se fera; néantmoins tout se fait pour procurer la paix d'Italie, cela paroist incompréhensible, et n'en est pas moins vray.

Le Prince de St Georges n'a point encore arresté de palais, et demeure toujours dans celui de M^r le Cardinal Graltieri qui est encore absent de Rome; on ne doute plus que ce Prince n'établisse sa demeure en cette ville.

Je ne parle pas de l'affaire de la Constitution, car elle se brouille plus que jamais, et il n'y a que Dièu seul qui sçache quand et de quelle manière elle se terminera, les apparences jusqu'à cette heure sont très funestes à l'Eglise et à la Religion. Je vous prie d'estre persuadé qu'on ne peut estre avec plus d'estime et de sincérité que je suis, Monsieur, entièrement à vous.

LE CARD. DE LA TREMOILLE.

XXV

A Rome, ce 17e Décembre 1718.

J'ay reçu, Monsieur, la lettre que vous avez pris la peine de m'écrire le 13e de ce mois et vous remercie des nouvelles que vous m'y avez mandées. Nous n'avons encore rien reçu de particulier de ce qui se passe en Sicile, le bruit qui s'était répandu ici d'une action passée à Melazzo dont on ne savoit pourtant point le détail, ne s'est point confirmé jusqu'à cette heure.

Le retour de Mr de Nancré, qui devait être bientôt suivi de celui de M. le Duc de St Aignan fait faire plusieurs raisonnements sur les apparences de la guerre entre la France et l'Espagne et ces raisonnements se fortifient par la nouvelle qu'on avoit reçue de l'ouverture du Parlement d'Angleterre avoit été toute favorable au Roy. D'un autre côté les Hollandais n'ont point encore voulu entrer dans ce qu'on appelle la quadruple alliance et se portent plutôt comme médiateurs, ce que le Roy d'Espagne bien loin de rejeter a plutôt temoigne souhaiter, et ainsi je crois qu'il est plus prudent de suspendre son jugement sur ce qui arrivera de la paix ou de la guerre que d'assurer l'un ou l'autre, d'autant plus qu'il paroit que dans le fonds les intentions de tous sont de concourir à la paix, et même à la tranquillité de l'Italie, et le différent ne consiste que sur la manière et c'est pour cela qu'on vouloit envisager les Etats Généraux comme ceux qui y étant le moins intéressé pourroient plus facilement faire convenir les parties des moyens d'arriver à cette paix.

Le Chevalier de St Georges n'est point encore déterminé sur le Palais qu'il doit prendre, mais il se déterminera à la fin car il n'est plus question de Castelgandolfe et il croit que la demeure de Rome lui convient davantage.

Je vois que j'ay été bon Prophète sur les affaires du Nord, car dans le temps qu'on parlait plus affirmativement de paix et de ligue, je m'attendois toujours que les lettres suivantes nous jetteroient plus que jamais dans l'obscurité sur ce qui se passe dans ce pays-là.

Vous aurez appris le désastre qui est arrivé à Corfou, on ne peut trop pleurer un malheur si considérable. Je vous prie d'être persuadé qu'on ne peut être avec plus d'estime et de sincérité que je suis, Monsieur entièrement à vous.

LE CARD. DE LA TREMOILLE.

XXVI

A Rome, le 24e de Décembre 1718.

J'ay reçu, Monsieur la lettre que vous avez pris la peine de m'écrire le 20e de ce mois dont je vous suis bien obligé aussi bien que les nouvelles dont elle estoit accompagnée. Le temps des festes de Noël où nous sommes, et l'office de cette nuict ne me laissant presque pas un moment de libre, je me retrancheray à vous les souhaiter heureuses, accompagnées de toutes les prospérités que vous méritez.

Les nouvelles de cette semaine se réduisent à rien ; Le Chevalier de St Georges s'est enfin déterminé à un palais qu'il a arresté. On ne sçait rien de particulier sur la détention de la Princesse Sobieski, mais jusqu'à cette heure il y a apparence qu'elle n'aura pas permission de venir en Italie. Je viens d'apprendre dans ce moment que le Pape avoit accordé à M[r] le Prince Philippe de Bavière le Bref d'Eligibilité pour pouvoir estre élu Evêque de Munster. Il ne se présente rien autre chose digne d'estre mandée et je vous prie d'estre persuadé qu'on ne peut estre avec plus d'estime et de sincerité que je suis, Monsieur, entièrement à vous.

LE CARD. DE LA TREMOILLE.

XXVII

A Rome, le 31e Décembre 1718.

Vous verrez, Monsieur, par le memorial que je joins à cette lettre le motif qui m'oblige de vous écrire aujourd'huy malgré les fonctions de la Chapelle Papale, d'où j'arrive en ce moment. Ce sont plusieurs Turcs qui ont esté pris avec leurs marchandises sur un bâtiment François commandé par le Patron Maurin de la Ciotat, et qu'on dit avoir esté conduit à Naples, qui souhaiteraient obtenir la liberté de leurs personnes et de leurs biens. Sur cela, Monsieur, je serais bien aise de savoir si vous avez quelque instance auprès de Monsieur le Vice-roy, et au cas que vous n'en ayez point faicte, que vous prissiez la peine de lui en faire vos représentations, estant incontestable à mon advis que ces sortes de prises ne doivent pas estre authorisées, le Roy n'ayant poinct à présent de guerre avec aucun prince. Je vous prie, Monsieur, d'estre persuadé que l'on ne peut estre avec plus d'estime et de sincerité que je suis entièrement à vous.

LE CARD. DE LA TREMOILLE.

XXVIII

A Rome, le 7e Janvier 1719.

J'ai reçu, Monsieur, la lettre que vous avez pris la peine de m'écrire le 3e de ce mois, et je vous suis bien obligé des nouvelles qui l'accompagnoient. Celles de France roulent sur ce qui s'est passé à l'égard de M. le Prince de Cellamare. On ne peut encore juger de l'effect que cela pourra produire, soit pour la paix, soit pour la guerre, jusqu'à ce qu'on ait reçu des réponses d'Espagne. Il est bien difficile qu'on y puisse donner une bonne interpretation aux lettres de cet ambassadeur qui, à ce que j'apprends, se plaint fort hautement du traitement qu'on luy a fait comme Ministre du Roy d'Espagne, sans peut estre faire assés de reflexion, à ce qui y a donné lieu, et que les Ministres ne sont point envoyés auprès des Princes pour soulager leurs Estats contre leur gouvernement. Nous n'avons rien de particulier cette semaine sur les affaires qui ont rapport à la Constitution, si ce n'est que les appels multiplient tous les jours.

Le Pape est en fort bonne santé et a assisté à toutes les fonctions des festes. Les operas commencent icy ce soir ; il y en aura trois differents en même temps ; ce qui est une grande satisfaction pour Mrs les Romains. Je vous prie d'être persuadé qu'on ne peut estre avec plus d'estime et de sincerité que je suis, Monsieur, entièrement à vous.

LE CARD. DE LA TREMOILLE.

XXIX

A Rome, ce 14e Janvier 1719.

J'ay reçu, Monsieur, la lettre que vous avez pris la peine de m'écrire le 10e de ce mois et vous suis bien obligé des nouvelles qui l'accompagnoient. Monsieur De la Chausse m'avoit rendu compte fort exactement de ce qui estoit arrivé sur la Pinque dont vous me parlez, mais je n'avois pas fait reflexion que le Memorial que je vous avais envoyé regardait la même affaire. Il paroit que la raison qu'avoit Mr le Vice-Roy n'est point bonne du tout, mais comme vous en avez informé le Conseil de Marine, et Monsieur du Bourg à Vienne, c'est à eux à nous rendre réponse.

Il paroit par toutes les lettres de France qu'on s'y attend à la guerre avec l'Espagne, on n'avoit pourtant point encore reçu à Paris de nouvelles sur la manière dont on avoit pensé à Madrid de ce qui estoit arrivé à Paris à l'égard du Prince de Cellamare. C'est une circonstance assez considérable pour pouvoir apporter de changement aux déliberations de la Cour d'Espagne, d'autant plus qu'on avoit encore appris plus particulièrement les négociations qui se faisoient entre les ministres du Roy Catholique à Paris et à Madrid qui sembloient toutes tendre à mettre du trouble dans le Royaume.

Quant à l'affaire de la Constitution je crois que nous en scavons tous autant les uns que les autres ; car elle se brouille toujours de plus en plus. Et quelque troublée que soit l'Europe entre les Princes Temporels ; on en peut voir la fin par une bonne paix, mais on ne voit pas si tost la fin des guerres de Religion, qui s'entretiennent par les écrits, et il n'y a que trop de gens habiles qui s'en meslent. Il n'y a rien icy de nouveau ; on y frequente fort les Operas, cela dissipe les chagrins qu'on peut avoir de la misère et du mauvais temps. Je vous prie d'estre persuadé qu'on ne peut estre avec plus d'estime et de sincerité que je suis, Monsieur, entièrement à vous.

LE CARD. DE LA TREMOILLE.

XXX

A Rome, ce 21e Janvier 1719.

J'ay reçu, Monsieur, la lettre que vous avez pris la peine de m'écrire le 17e de ce mois, et vous suis bien obligé des nouvelles qui l'accompagnoient. Il seroit superflu de vous mander des nouvelles de Sicile, et c'est du costé de France et d'Espagne qu'il faut en attendre présentement. L'expulsion d'Espagne de Mr l'Ambassadeur de France, est un cas assés extraordinaire dans le temps qu'on a esté obligé de faire sortir de France l'Ambassadeur d'Espagne, et qu'on ne sçavoit pas encore à Madrid ce qui estoit arrivé à Mr le Prince de Cellamare.

On a appris par les lettres de Paris que Monsieur le Cardinal de Polignac avoit esté envoyé par lettre de cachet à son Abbaye d'Auchin, et que Madame la Duchesse du Maine avoit esté arrestée et conduite au château de Dijon, aussi bien que Mr le Duc du Maine qu'on a mené à la citadelle de Dourlens, Mr le Prince de Dombes a esté envoyé à Gien, et Mr le Comte d'Eu à Bourges. On a arresté en même temps et mis à la Bastille, Mr de Malezieux, secrétaire de Mr le Duc du Maine, et plusieurs personnes de tout sexe de la maison de ce Prince. Mr le Marquis de Chatillon a esté aussi arresté pendant qu'il s'enfuyait en Suisse, il est accusé d'avoir esté pour ainsi dire le chef du complot qu'avoit fait le Prince de Cellamare. Il faut espérer que tous ces arrêts n'auront point de suite.

Le tremblement de terre qui s'est fait sentir à Venise et qui a esté plus violent dans le Frioul est encore un fléau qu'il faut prier Dieu de détourner.

Les troupes que l'Empereur fait passer dans le Royaume de Naples sont desja entrées dans l'Estat du Pape, marchent à fort petites journées, et achevent de ruiner entièrement ce pauvre Estat. Ces troupes doivent passer près de Rome, et j'entends dire qu'elles se ressentent aussi de la marche et sont en fort mauvais estat. Je vous prie d'estre persuadé de l'estime et de la sincérité avec lesquelles je suis, Monsieur, entièrement à vous.

LE CARD. DE LA TREMOILLE.

Il n'est point sûr que M. le Prince des Dombes et M. le Comte d'Eu soient envoyés aux châteaux comme je vous le mande.

XXXI

A Rome, ce 4e Février 1719.

J'ay reçu, Monsieur, la lettre que vous avez pris la peine de m'écrire le 31e du mois passé et vous suis bien obligé des nouvelles qui y étaient jointes aussi bien que du détail que vous me faites touchant l'affaire que je vous avais recommandée ; je n'ai jamais douté de votre diligence et de votre exactitude pour les affaires qui regardent le service du Roy et de la Nation ; et je vous assure même que je suis fort satisfait de votre correspondance, et que je serais très aise de trouver des occasions de vous servir.

Nous n'avons rien appris de plus particulier cet ordinaire depuis la déclaration de la guerre contre l'Espagne que deux arrêts, un du Parlement de Bordeaux, qui a esté le premier, et l'autre du Parlement de Paris, par lequel il supprime sous des peines et des châtiments, l'écrit imprimé, qui a esté publié sous le nom de *Déclaration du Roy Catholique.* Effectivement cette déclaration est si violente et si injurieuse en particulier au Régent, qu'il est difficile de croire qu'elle puisse partir du Roy d'Espagne même. Aussi parle-t-on dans les arrests avec tous les égards et le respect qui est dû à sa Majté Catholique. Bien des gens continuent d'estre persuadés que cette guerre quoique déclarée ne se fera point, et que tout ce grand éclat finira plus tost par voye d'accomodement. Cela seroit fort à souhaiter pour la tranquilité de l'Europe et particulièrement pour le repos de l'Italie.

Monsieur le Cardl d'Addas dont je vous manday la mort la semaine passée a fait un testament fort honorable pour sa mémoire, car n'ayant fait aucun tort à sa famille et à ses parents sur son bien, dont il pouvoit disposer, il a donné tout ce qu'il avoit de propre tant en effets que de meubles, au Collège de Propaganda Fide, qu'il a fait son légataire universel, en le chargeant néantmoins de quelques legts pieux en faveur de l'Eglise d'Albane, dont il estoit Evêque, de l'Eglise de St Charles, de quelques maisons religieuses et lieux pieux, dont il estoit protecteur, de quelque chose pour ses domestiques et enfin du Legt d'argenterie pour le Chever de St Georges, qui peut aller à 5 ou 6 mille écus. On suppose que tout cela payé la maison de Propaganda Fide en retirera encore 50 mille écus, qui seront employés pour pourvoir à la subsistance d'un plus grand nombre de ceux qui sont destinés aux missions. C'est une très bonne destination car cette maison de Propaganda Fide, qui n'est pas opulente, est si bien gouvernée, et fait un si bon usage de son revenu, qu'elle pourvoit presque à tous les besoings les plus pressants des missions par tout le monde. Nous n'avons rien icy qui mérite d'estre mandé et je vous prie d'être persuadé qu'on ne peut estre avec plus d'estime et de sincérité que je suis, Monsieur, entièrement à vous.

LE CARD. DE LA TREMOILLE.

XXXII

A Rome, ce 11e Février 1719.

J'ay reçu, Monsieur, la lettre que vous avez pris la peine de m'écrire le 7e de ce mois et je vous suis bien obligé des nouvelles dont elle estoit accompagnée. Nous n'avons rien appris de nouveau de France cette semaine sur les affaires d'Espagne, qui nous puisse donner lieu d'espérer de les voir finir par une prompte paix. Plusieurs lettres portent qu'il y avait quelque apparence de traiter entre la Cour d'Espagne et celle de Vienne, et l'on supposait que l'Empereur même avoit désiré une suspension d'armes de trois mois avant d'en venir aux actes d'hostilités ; mais cela ne me paroit point avoir de fondement, et il y a lieu de croire, qu'on a pris un équivoque sur ce que les Hollandais ont demandé trois mois de temps avant que d'entrer dans l'alliance, et on aura apparemment pris ce temps demandé par eux, comme s'il avoit esté demandé par l'Empereur, au moins c'est ainsi que des lettres venues de France, par les memes ordinaires, parlent. Ainsi on ne peut point encore sçavoir quelle résolution l'Espagne a prise ou prendra sur la déclaration de la guerre. Il seroit à souhaiter que les offices que les Hollandais proposent de faire puissent contribuer à faire faire une paix qui fut agréable à toutes les parties.

Les troupes de l'Empereur commencent à s'approcher pour passer dans le royaume de Naples les unes après les autres, et incommodent fort l'Estat Ecclésiastique ; quelques officiers sont arrivés à Rome, et les troupes s'approchent en passant jusqu'à dix mille de cette ville. Le Chevalier de St Georges partit ces jours passés de fort grand matin sans dire rien à personne avec fort peu de gens à sa suite ; on ne sçait point où il est allé. Je vous prie d'estre persuadé qu'on ne peut estre avec plus d'estime et de sincérité que je suis, Monsieur, entièrement à vous.

LE CARD. DE LA TREMOILLE.

XXXIII

A Rome, ce 18e Février 1719.

J'ay reçu, Monsieur, la lettre que vous avez pris la peine de m'écrire le 14e de ce mois, et vous suis obligé des nouvelles qui l'accompagnoient. Les lettres de France ne nous ont rien apporté de plus nouveau cette semaine que celles de l'ordinaire passé. Je vois cependant que le bruit, qui s'estoit répandu de quelque traité qu'on supposait se faire entre l'Empereur et le Roy d'Espagne n'estoit pas entièrement dissipé. Mais je crois pouvoir assurer qu'il n'y a aucun fondement dans cette nouvelle. Les préparatifs de guerre continuent à se faire et il seroit à souhaiter que les Hollandais profitassent du temps, qu'on dit qu'ils ont demandé, avant d'entrer dans l'alliance pour faire convenir les parties à l'amiable d'un paix, qui satisfit tout le monde.

On est ici fort scandalisé de tous les écrits qui ont été publiés de la part de l'Espagne. Monsieur le Cardinal Cassini est mort. C'estoit un Card[l] de mérite et une perte pour l'Eglise, il fait vacquer une huitième place dans le Collège des Cardinaux. Monsieur le Cardinal Acciajoli est aussi fort malade, et son grand âge fait tout craindre pour luy. Il n'y a rien ici de plus particulier ; on n'y songe qu'aux operas et au divertissement du Carnaval, cela fait une diversion de toutes les choses désagréables, que les malheurs et les troubles de l'Europe font envisager de tout costé, tant par rapport à la guerre que par rapport à la Religion. Je vous prie d'être persuadé qu'on ne peut estre avec plus d'estime et de sincérité que je suis, Monsieur, entièrement à vous.

LE CARD. DE LA TREMOILLE.

XXXIV

A Rome, ce 25e Février 1719.

J'ay reçu, Monsieur, la lettre que vous avez pris la peine de m'écrire le 21e de ce mois, et vous suis fort obligé des nouvelles dont elle estoit accompagnée. Je vois qu'on recommence à parler presque dans toutes les lettres d'une prétendue négociation entamée entre l'Empereur et le Roy d'Espagne. J'ai toujours impugné (1) cette nouvelle et je l'impugne (1) encore plus que

(1) Vieux français, se trouve dans le Dictionnaire de l'Académie.

jamais, tout ce qu'on en dit présentement n'ayant point d'autre fondement, que ce qui en avoit esté dit d'abord. Et comme on ajoute dans quelques unes, que cela a esté entamé icy par le Ministre d'Espagne, j'en reconnais d'autant plus la fausseté. Je ne prétends pas exclure par là les offices que les Hollandais peuvent faire pour la paix, car à cela quoi que je n'en sçache rien, il me paroit qu'il n'y a point de répugnance, le Roy d'Espagne n'ayant jamais montré de difficultés d'entrer en négociation par leur entremise.

On ne sçait point au vray où est le Chevalier de St Georges; il passe pour constant que les calèches, qui ont passé à Florence et autres endroits, et dans l'une desquelles on croyait qu'il estoit, n'étoient remplies que de ses gens pour mieux couvrir sa marche et qu'il avoit pris une autre route ; bien des gens supposent qu'il s'est embarqué à Neptune, ou à quelque autre endroit et qu'il est allé les uns disent en Sardaigne, les autres en Espagne. Il paroit certain qu'il n'est pas dans l'Estat du Pape ; on a cependant peine à s'accoutumer à croire qu'il soit allé en Espagne parce qu'on ne s'imagine point à quelle intention il pourroit avoir entrepris ce voyage. Un peu de temps nous éclaircira apparemment sur ce mystère. M[r] le Cardinal Acciajoli Doyen des Cardinaux est mort, et fait vacquer une neuvième place dans le S. Collège. Je vous prie d'estre persuadé qu'on ne peut estre avec plus d'estime et de sincérité que je suis, Monsieur, entièrement à vous.

LE CARD. DE LA TREMOILLE.

XXXV

A Albane, ce 11e Mars 1719.

J'ay reçu, Monsieur, la lettre que vous avez pris la peine de m'écrire le 7e de ce mois et vous suis fort obligé des nouvelles qui l'accompagnoient. J'écris cette lettre de la campagne où je suis venu passer une semaine d'un fort beau temps et aussi pour me délivrer de l'embarras d'un changement de maison, que j'ai esté obligé de faire, ainsi c'est plus tôt pour ne pas manquer la régularité ordinaire, que j'écris à ceux avec qui je commerce, que pour leur apprendre quelque chose de nouveau, aussi bien par les avis que j'ay de Rome il n'y a rien de particulier à mander. On n'a point eu des nouvelles du Chev[er] de St Georges, au moins que je sçache, depuis son départ, comme les temps ont été beaux, il aura apparemment fait route en quelque endroit où il soit allé. Monsieur le Card[l] Marescotti a eu une maladie considérable, dont il se porte mieux, mais comme il est dans sa nonante deuxième année, on croit qu'il aura beaucoup de peine à se rétablir. Monsieur le Card[l] Spinola Camerlingue a esté aussi fort mal et n'est pas encore hors de danger.

Quelques lettres de France prétendent encore que la paix pourra se faire par l'entremise des Hollandais, mais on ne sçait quel jugement en faire. Nous ne sçavons point des nouvelles de Sicile; et quant aux affaires qui regardent la Constitution il paroit qu'elles se troublent plus que jamais. Je vous prie d'estre persuadé qu'on ne peut estre avec plus d'estime et de sincerité que je suis, Monsieur, entièrement à vous.

LE CARD. DE LA TREMOILLE.

XXXVI

A Rome, ce 18e Mars 1719.

J'ay reçu, Monsieur, la lettre que vous avez pris la peine de m'écrire le 14e de ce mois. Je vous prie d'assurer Madame la Comtesse de Charleval que je souhaite d'avoir l'occasion de lui estre utile icy en quelque chose pendant le séjour qu'elle y fera.

Si M[r] le Comte de Daun donnait une déclaration comme il désavoue le Corsaire Napolitain qui a pris le patron Marc Antoine Saldon, et qu'il le puniroit de sa témérité s'il tombait en son pouvoir, je ferois en sorte qu'en cas qu'il vint dans quelques ports du Pape de le faire punir, et je porterais pour cela mes plaintes à sa Sainteté.

Je vous ay écrit il y a quelques semaines au sujet d'un autre patron nommé Christophe Aubert d'Antibes arrêté à Reggio, et dont la cause a été portée à Naples, je suppose que vous aurez tâché de lui faire rendre justice, et si on ne la luy a pas encore rendu je vous prie de faire ce que vous pourrez pour cela.

Les lettres de France continuent à parler avec doutes sur la paix ou la guerre. On ne sçait neanmoins pas bien sur quoy on se fonde pour incliner du coté de la paix, et les préparatifs de la guerre se continuent tant en France qu'en Espagne. Notre ignorance sur les affaires de Sicile continue toujours. On a de la peine à comprendre qu'il ne vienne point de nouvelles de ce païs là.

On ne doutera plus apparemment que le Chev[er] de St Georges n'ait pas été un de ceux qui furent arrêtés et conduits au Château de Milan, car il est bien certain que c'étoit Mrs les ducs de Persh et de Maas puisqu'ils ont été relachés, et qu'ils arrivèrent ici avant-hier au soir. Quelques uns prétendent que le Cheven de St Georges étoit arrivé en Sardaigne, mais je crois que cette nouvelle est fort incertaine.

Le Pape tint mercredy dernier Consistoire où je n'assistai point, mais Sa Saintеté y donna part du mariage du Prince Electoral de Saxe avec l'Archiduchesse aisnée fille de l'Empereur Joseph et à cette occasion elle fit une espèce d'éloge du Père Salerne jésuite comme ayant travaillé plus que personne à la conversion de ce Prince. Cela est régardé comme avant-coureur de la promotion de ce jésuite au Cardinalat. Il y a présentement neuf places vacantes dans le Collège, et Mr le Cardinal Spinola Camerlingue est toujours très mal. Le Pape ayant fait de nouveau des difficultés sur quelques uns des sujets que le Roy a nommé aux Evechez, et ayant fait suspendre la preconization des autres sur lesquels il n'y avait point de difficultés, ne voulant point admettre que les unes fussent pronées, sans les autres dans le Consistoire. Ainsi cette affaire qui avoit été terminée avec beaucoup de peine l'année passée recommance tout de nouveau, Je vous prie d'être persuadé qu'on ne peut être avec plus d'estime et de sincerité que je suis, Monsieur, entièrement à vous.

LE CARD. DE LA TREMOILLE.

XXXVII

A Rome, le 25e Mars 1719.

J'ay reçu, Monsieur, la lettre que vous avez pris la peine de m'écrire le 21e de ce mois et vous suis fort obligé des nouvelles qu'elle contenoit. Celles de France ne nous ont rien appris cette semaine touchant la paix ou la guerre. Les préparatifs pour la guerre semble néantmoins continuer toujours; on parle bien d'une négociation qui doit être entamée par les Hollandais, mais comme on ne voit rien de commencé au moins dans les formes, on ne peut juger si cette négociation sera véritablement entamée et suivie. Il est assés surprenant qu'on ne sçache encore rien de ce qui se passe en Sicile. Les troupes de l'Empereur qui vont dans le Royaume de Naples, sont presque toutes passées par ce costé cy de l'Estat Ecclésiastique. Les pauvres communautés de cet Estat se passeroient bien de semblables visites. On ne sait rien non plus du Chevalier de St Georges;

quelque bruit s'est répandu qu'il estoit arrivé à Barcelone, mais l'avis qu'on a reçu paroit fort incertain. On a publié icy un monitoire contre le Prince de Palestine sous prétexte qu'il donnoit retraites dans ses terres à des gens qui levoient des troupes pour le Roy d'Espagne. On luy donne un certain temps pour comparoitre et se justifier à faute de quoi on lui donne un band de vie et confiscation de ses biens.

Monsieur le Cardinal Spinola Camerlingue est mort ces jours passés. La charge de Camerlingue a été donnée à Monsieur le Cardinal Albani. Je ne sache rien de plus particulier qui mérite d'estre mandé de ce pays-ci. Je vous prie d'estre persuadé qu'on ne peut estre avec plus d'estime et de sincérité que je suis, Monsieur, entièrement à vous.

LE CARD. DE LA TREMOILLE.

XXXVIII

A Rome, ce 1er Avril 1719.

J'ay reçu, Monsieur, la lettre que vous avez pris la peine de m'écrire le 28e du mois passé et vous remercie des nouvelles qui y étoient jointes. Nous sommes toujours dans une espèce d'obscurité sur les affaires d'Europe et les nouvelles qu'on reçoit sur la guerre entre la France et l'Espagne veulent toujours laisser quelques doutes sur la guerre, quoyque les officiers généraux soient nommés en grand nombre et que l'on continue tous les préparatifs. Je crois que ceux qui se flattent sur la paix, comptent sur les offices et la médiation des Hollandais. Il seroit fort à souhaiter qu'ils puissent réussir à un si grand bien.

Plusieurs lettres parlent d'un armement fait à Cadix, sur lequel le Duc Dormont ou est embarqué ou doit s'embarquer. Je crois néanmoins que cela demande confirmation. On a fait plusieurs raisonnements en France et ici sur la résolution, que le Chevalier de St Georges a prise de passer en Espagne, et on a sçû qu'il étoit arrivé : cette entreprise se developpera apparemment dans très peu de temps. On prétend aussi qu'il y a de nouveaux troubles dans le Nord, mais il y a longtemps que ce païs la est inconnu pour nous, car on n'en apprend jamais rien de certain.

Il paroit que les Vénitiens ont de nouvelles inquiétudes du côté des Turcs, ils ont eu des avis qu'ils faisaient un armement considérable par mer, et ils craignent la guerre tout de nouveau.

Le Pape tint mercredy dernier Consistoire, ce fut principalement pour confier la charge de Camerlingue à M. le Cardinal Albani. Sa Sainteté en luy donnant cette charge en a retranché tous les appointements. L'affaire qui regarde le Decanat du Collège se terminera apparemment en faveur de M. le Cardinal Astalbi qui n'est cependant que sous Doyen, Monsieur le Card[l] Orsini, qui est le plus ancien, ne voulant pas abandonner son Eglise de Benevent pour résider à Rome. Il ne se passe icy rien de plus particulier à vous faire savoir, et je vous prie d'être persuadé qu'on ne peut être avec plus d'estime et de sincérité que je suis, Monsieur, entièrement à vous.

LE CARD. DE LA TREMOILLE.

XXXIX

A Rome, ce 8e Avril 1719.

J'ay reçu, Monsieur, la lettre que vous avez pris la peine de m'écrire le 4e de ce mois, et vous remercie fort des particularités que vous m'y avez mandées. Nous sommes présentement dans les fonctions de la Semaine Sainte, et des fêtes de Pâques, et il y a peu de chose à mander de ce païs cy. Il n'en est pas de même des autres parties de l'Europe. L'Espagne joue un grand rôle. Il paroit que toutes les lettres conviennent que le Duc Dormond étoit parti de Cadix sur une flotte avec des troupes, des armes et de l'argent. Quelques lettres ajoutent qu'il étoit arrivé à Bristol et qu'il y avoit été reçu avec acclamation. On prétend que ce projet, tel qu'il soit, et le passage du Chevalier de St Georges en Espagne, ne laissent pas de donner de l'inquiétude au Roy d'Angleterre.

Les affaires du Mecklembourg peuvent aussi devenir considérables, et s'il est vrai que le Turc arme aussi par terre et par mer cela prépare à de nouveaux événements.

Un courrier de M. l'Electeur de Bavière arriva avant hier matin, et apporta la nouvelle que Mr le Prince Clément son fils qui est icy, avoit été élu Evêque de Munster et de Paderborn d'un consentement unanime de ces deux chapîtres. Ce Prince doit bientôt partir de Rome pour retourner en Bavière.

On ne voit encore aucune disposition à terminer l'affaire de la constitution ; il survient au contraire tous les jours quelque chose de nouveau qui éloigne l'accomodement de plus en plus. Il faut espérer que Dieu voudra bien y mettre sa main toute puissante, sans quoy il est à craindre que la Religion n'en souffre beaucoup, et qu'elle n'ait de fâcheuses suittes. Je vous prie d'être persuadé qu'on ne peut être avec plus d'estime et de sincerité que je suis, Monsieur, entièrement à vous.

LE CARD. DE LA TREMOILLE.

XL

A Rome, ce 15e Avril 1719.

J'ay reçu, Monsieur, la lettre que vous avez pris la peine de m'écrire le 11e de ce mois, et je vous suis fort obligé des nouvelles dont elle étoit accompagnée. Celles que l'on a reçu cette semaine touchant l'entreprise qui regarde l'Angleterre, bien loin de nous éclaircir comme on le supposait, nous jettent plus tost dans l'obscurité, car on ne sçait point au vray si la flotte d'Espagne est partie de Cadix, on dit présentement que le Duc d'Ormond s'estoit embarqué au Port du Passage avec quelques frégattes et quelques troupes et de l'argent, mais on ne comprend pas pourquoi il irait de son costé et la flotte d'un autre; cependant on est adverti de tout en Angleterre, et il y a apparence que les précautions qu'on a prises romperont les mesures du projet, qui avoit esté fait, c'est ce dont on sera apparemment bien tost informé.

On ne voit jusqu'à cette heure aucune apparence de paix entre la France et l'Espagne, les troupes et les officiers se disposent à partir pour les frontières d'Espagne.

Les affaires qui estoient depuis longtemps entre cette cour et la Sicile sont accomodées en partie c'est-à-dire quand à ce qui regarde le retour des Ecclésiastiques et Religieux exilés de ce Royaume, qui y retournent, quant aux excommunications et quant aux interdits qui seront levés, quand on aura esté assuré qu'ils ont été observés. Il n'est point question dans cet accomodement du Juge et de la Monarchie.

L'Evêque de Lené est aussi parti et levera l'interdit de son Eglise en y arrivant, cette affaire estant aussi términée. Le Pape, qui estoit passé au Vatican pour les fonctions de la semaine sainte et des festes de Pâques est retourné à Monte Cavallo. Je vous prie d'être persuadé qu'on ne peut estre âvec plus d'estime et de sincérité que je suis, Monsieur, entièrement à vous.

LE CARD. DE LA TREMOILLE.

XLI

A Rome, ce 22e Avril 1719.

J'ay reçu, Monsieur, la lettre que vous avez pris la peine de m'écrire le 18e de ce mois, et vous suis redevable des nouvelles qu'elle contenoit. Celles qu'on a reçu de France paroissent toujours fort douteuses sur l'entreprise des Espagnols en faveur du Chev^er de St Georges, ce qui est certain c'est que le Roy Georges en a esté averti, et qu'il a pris des précautions, qui pourroient bien faire échouer cette entreprise. Quelques lettres particulières de France portoient que le Duc d'Ormond estoit descendu dans quelque port d'Angleterre, mais on l'écrit fort douteusement et la plupart des autres lettres disent le contraire, et le Parlement d'Angleterre avoit offert sur cela au Roy Georges tout ce qu'il pouvoit désirer.

Il paroit un manifeste du Roy d'Espagne par lequel il semble que S. M. Cat^e est résolue de soutenir la guerre. On ne sçait si le succès de l'entreprise d'Angleterre, selon qu'il sera bon ou mauvais, changera quelque chose à cette disposition, et si les offices de la Hollande pourront aussi la faire changer.

Un courrier de M. l'Electeur de Bavière estant arrivé ces jours passés et ayant apporté les actes des Chapîtres de Munster et de Paderborn, pour l'élection du Prince Clément à ces deux évêchés on tint hier la Congregation Consistoriale, dans laquelle ces deux évêchés ont esté confirmés. Ce Prince doit partir mardy prochain pour s'en retourner en Bavière. Je vous prie d'estre persuadé qu'on ne peut estre avec plus d'estime et de sincérité que je suis, Monsieur, entièrement à vous.

LE CARD. DE LA TREMOILLE.

XLII

A Rome, ce 29e Avril 1719.

J'ay reçu, Monsieur, votre lettre du 25e de ce mois dont je vous remercie fort aussi bien que des nouvelles qui y estoient jointes. Nous ne sommes pas mieux informés cet ordinaire que le précédent de la flotte d'Espagne, on n'en avoit point encore eu de nouvelles en France et on supposait ou qu'elle avait été contrariée par les vents, ou qu'elle avait pris le large pour éviter les vaisseaux anglois qui estoient sortis de la Tamise pour entrer dans la Manche, et les costes d'Angleterre du costé de l'Ouest. Ces retardements tels qu'ils soient, donnent lieu à prendre des mesures. On mande cependant que la Cour de Londres ne cesse pas d'être fort inquiète et qu'elle avoit fait demander aux Hollandais des troupes qu'ils étoient obligés de lui donner. Le Marquis de Pijé avoit fait aussi passer 4000 hommes vers Ostende pour estre à portée de passer en Angleterre. Il ne laisse pas d'y avoir quelques avis que le Duc d'Ormond estoit descendu quelque part. On avoit eu nouveile que le Chev[er] de St Georges estoit arrivé à Madrid le 27e où il avait été traité comme le Roi d'Angleterre, logé au Buenretiro et servi par les officiers du Roy catholique.

On a publié ici un écrit pour répondre au manifeste du Roy sur les raisons qui l'avoient obligé de déclarer la guerre à l'Espagne, qui est des indignes choses qu'on puisse écrire. Ce sont les ministres d'Espagne qui l'ont fait distribuer ici traduit du français en l'italien. Il ne paroit pas par cet écrit qu'on soit fort disposé en Espagne à entrer dans les propositions de Paix. Le Pape tint mercredi dernier un consistoire dans lequel les Eglises de Munster et de Paderborn furent proposées en faveur de M. le Prince Clément de Bavière qui est parti pour retourner à Munik. On y préconisa aussi l'Eglise d'Ostie en faveur de M. le Cardinal d'Astalli, qui sera doyen du S. College. L'Evêché de Sabine fut aussi préconisé en faveur de Monsieur le Card[l] Piguatelli. Je vous prie, Monsieur, d'estre persuadé que je suis avec estime et sincérité entièrement à vous.

Cette lettre n'est pas signée

XLIII

A Rome, ce 13e Mai 1719.

J'ay reçu, Monsieur, les deux lettres que vous avez pris la peine de m'écrire le 2e et le 9e de ce mois, et je vous remercie fort des nouvelles dont elles estoient accompagnées. Il me fut impossible de pouvoir répondre à la première parce que j'étois allé faire un tour à la campagne, d'où je ne revins pas pour le séjour de l'ordinaire. Je n'ay rien appris de nouveau à mon retour que l'arrivée de la Princesse Sobiezki à Boulogne, d'où elle doit se rendre ici incessamment. Elle y attendra dans un couvent les nouvelles de son futur époux, et c'est le couvent des Ursulines qui luy a esté destiné.

Il est étonnant que par les lettres de Paris du 25e avril, et par celles de Bayonne, on ne sçache rien en France de la flotte d'Espagne. Telle chose qu'il en soit, comme on n'avoit aucune nouvelle qu'elle eut débarqué dans aucun endroit d'Angleterre, d'Ecosse ou d'Irlande, cela donne lieu de croire que cette flotte est échouée ou échouera, puisque le Roy Georges aura eu le temps de prendre ses mesures pour empêcher l'exécution de ce dessein.

Il y a longtemps que l'ordre doit estre envoyé de Turin aux Piémontais d'évacuer Syracuse et Trapani, et les autres places s'il y en avoit entre les mains des troupes de l'Empereur.

Le duc Salviati, qui doit épouser une cinquième fille de Madame la Princesse de Piombine est arrivée ici de Florence pour cet effect, et le mariage se doit faire incessamment. Je vous prie, Monsieur, d'estre persuadé qu'on ne peut estre avec plus d'estime et de sincérité que je suis entièrement à vous.

LE CARD. DE LA TREMOILLE.

XLIV

A Rome, ce 20e May 1719.

J'ay reçu, Monsieur, la lettre que vous avez pris la peine de m'écrire le 16e de ce mois, et dont je vous remercie fort. On a enfin des nouvelles de la flotte d'Espagne. Les lettres de Madrid du 17 apportent qu'elle avoit esté dispersée par la tempête quelques vaisseaux en estoient retournés à Cadix ; plusieurs avoient relaché à Lisbonne, et d'autres dans les ports de Galice. Il y en a eu un de submergé dont 300 hommes se sont sauvés. Ainsi on peut regarder le projet de cette flotte comme échoué ; cet accident fâcheux donnant au Roy Georges tout le temps nécessaire pour bien se mettre sur ses gardes.

La Princesse Sobieski arriva mardi dernier en cette ville, et alla descendre au couvent des Ursulines, où elle attendra des nouvelles du Chevalier de St Georges. Elle fut le lendemain de son arrivée voir le Pape incognito sans marque de Reine, mais quand elle fut entrée dans la chambre il la traita en Reine et luy fit donner un siège qu'on leur donne en semblables occasions.

Le Pape tint lundy dernier un consistoire, il n'y fut question que des affaires courantes. Les Eglises de France point proposées. Les difficultés que Sa Sté avoit fait sur quelques-uns subsistent toujours. Nous n'avons rien icy de plus particulier. Je vous prie, Monsieur, d'estre persuadé qu'on ne peut estre avec plus d'estime et de sincérité que je suis entièrement à vous.

LE CARD. DE LA TREMOILLE.

XLV

A Rome, ce 27e May 1719.

Son Eminence, Monsieur, a reçu la lettre que vous luy avez écrite le 23e de ce mois et n'ayant rien de nouveau à mander, Elle a chargé son secretaire d'avoir l'honneur de vous faire sçavoir seulement qu'elle entra mercredy en retraite dans la maison des Messieurs de la Mission pour se préparer à la fonction de son sacre, que le Pape a destiné de faire mardy prochain dans l'Eglise des Chartreux de cette ville, et qu'elle ne manquera pas de vous faire part de ce qu'elle aura appris de nouveau par l'ordinaire prochain.

Sans signature.

XLVI

A Rome, ce 3e Juin 1719.

J'ay reçu Monsieur la lettre que vous avez pris la peine de m'écrire le 30e may, et vous remercie fort des nouvelles qui y estoient jointes. Il ne paroit pas par les nouvelles pièces qu'on a publiées au nom du Roy d'Espagne, et par d'autres pièces anonymes imprimées qu'on se dispose à la paix, d'un autre costé les hostilités sont commencées en Espagne, il faudra voir présentement si l'ambassade d'Hollande qui est arrivé à Madrid pourra négocier, et si ses négociations pourront produire quelque bon effet pour satisfaire tout le monde.

Il semble qu'on ne doute plus du petit débarquement qui a esté fait en Ecosse, comme la flotte d'Espagne avoit été obligée de rentrer dans ses ports, il est question de voir présentement si après qu'elle aura esté radoubée, on la fera repartir pour tenter une autre fois la même entreprise.

Nous avons icy Madame la Princesse de Baden, veuve de feu le Prince Louis de Baden, qui estoit venue à Lorette pour y accomplir un vœu, et qui a donné partout où elle a passé aussi bien qu'icy de grandes marques de sa piété.

Le Pape me fit l'honneur mardy dernier de me consacrer dans l'Eglise des Chartreux; cette cérémonie qui est fort belle et fort auguste par elle-même le fut encore davantage parce que Sa Sainteté la faisait, et par le grand concours de personnes de toutes espèces qui y assistoient. Je ne sache rien de plus particulier à mander et vous prie d'être persuadé qu'on ne peut estre avec plus d'estime et de sincérité que je suis, Monsieur, entièrement à vous.

LE CARD. DE LA TREMOILLE.

XLVII

A Rome, ce 10e Juin 1719.

J'ay reçu Monsieur la lettre que vous avés pris la peine de m'écrire le 6e de juin et vous suis obligé de la relation du débarquement des troupes allemandes en Sicile qui y estoit jointe.

Je vous prie de vouloir bien me continuer votre exactitude à me mander tout ce qui se passe dans vos quartiers, elle a esté si régulière jusqu'à présent que je ne saurais assez vous en remercier et vous témoigner ma véritable reconnaissance. J'arrive de la campagne où j'ay été passer quelques jours et je n'y ai rien appris à mon retour qui soit digne d'estre mandé. Dans ce pays ci toutes les nouvelles roulent principalement sur la Sicile et celles qu'on reçoit du costé de France et qui regardent l'Angleterre sont si différentes les unes des autres qu'on ne sçauroit à quoi s'en tenir. Il parait que tout n'est pas si tranquille dans ce royaume qu'on le disoit, au moins en Écosse, ou milord Seaford, le Comte Marshal et le Marquis de Tulibardine avoient débarqué quelque petit nombre de troupes Espagnoles et Islandoises et des armes pour armer quinze mille hommes. Le Roy Georges y avoit fait marcher quelques bataillons Hollandais et Suisses pour s'opposer aux mécontents, dont le nombre augmente tous les jours. Il paroit aussi que l'on n'a pas tout à fait abandonné en Espagne le dessein d'y renvoyer la flotte ou une partie quand les vaisseaux seront radoubés.

Par les mêmes lettres de France on a appris que le Maréchal de Berwik étoit arrivé le 12e à Bayonne et qu'il en devoit partir le quinze pour se rendre à l'armée qui s'assemblait à Irou et qu'on y continuait à faire toutes les dispositions nécessaires pour le siège de Fontarabie. Je vous prie d'estre persuadé qu'on ne peut estre avec plus d'estime et de sincérité que je suis, Monsieur, entièrement à vous.

LE CARD. DE LA TREMOILLE.

XLVIII

A Albane, ce 17 Juin 1719.

Je suis encore venu passer quelques jours à la campagne Monsieur avant les grandes chaleurs pendant lesquelles vous sçavez qu'il n'est plus permis de coucher hors de Rome lorsqu'on doit y retourner. Ce petit voyage est cause que je n'ai point encore recu votre lettre ordinaire et que je ne pourrai en accuser la réception que par le premier courrier. On dit ici que les Allemands qui sont en Sicile souhaitent d'en venir à une action et bien des gens sont persuadés que les Espagnols l'éviteront autant qu'ils pourront, et que c'est le meilleur parti qu'ils puissent prendre pour embarrasser leurs ennemis qui faute de magasins, ne sauroient s'éloigner de Melazzo, ni tenir la campagne.

Il ne paroit pas d'ailleurs par toutes les nouvelles qu'on reçoit, que les choses se disposent encore à la paix.

Quant aux affaires du Nord, qu'on prétend devoir influer sur la guerre ou sur la paix, on en est dans la même obscurité ou on en estoit il y a dix ans. On entend bien parler des desseins des Provinces du Nord, de flottes et d'armées qu'on dispose ; mais on ne sçait jamais ni quand elles doivent agir, ni pourquoi, ni même quels sont les Princes qui s'entendent, ou qui doivent faire la guerre.

Je laissai le Pape avant hier lorsque je partis de Rome entièrement guéri de son mal. Sa Sainteté eut samedi une fièvre assez violente avec un grand mal de teste et de délire. Cet accès lui reprit le dimanche ; mais moins violemment et mardi il etoit sans fièvre et se portait bien. L'huile d'amendes douces qu'elles a prise et dont Elle use assez souvent avec fruit lui a fait évacuer une quantité de bile considérable qu'on croit avoir esté la source de son mal, en sorte qu'on ne doute pas qu'elle ne doive jouir par là d'une meilleure santé. Je vous prie d'estre persuadé qu'on ne peut être avec plus d'estime et de sincérité que je suis Monsieur entièrement à vous.

LE CARD. DE LA TREMOILLE.

XLIX

A Rome, ce 24e Juin 1719.

J'ay reçu Monsieur la lettre que vous avez pris la peine de m'écrire le 20e de ce mois et vous remercie fort des nouvelles qui y étaient jointes. Par les dernières nouvelles de France nous avons appris que le Roy d'Espagne devoit arriver à Pampelune le 28e du mois passé. On le dit suivi de huit mille hommes de pied et de cinq mille chevaux et que cela pourra mettre Mr le Maréchal de Berwik dans la nécessité de faire avancer sur la frontière la cavalerie qui est en Languedoc. Cependant la tranchée avoit esté ouverte devant Fontarabie la nuit du 26 au 27. Bien des gens prétendent que l'intention du Roy d'Espagne estoit de s'approcher des frontières et de se présenter en quelque manière à nos troupes, se flattant qu'une grande partie passeroit sous ses ordres. Je doute que S. M. Catholique ait eu ce dessein, et si par hasard elle l'avoit eu il y a lieu de croire qu'elle en seroit bientôt détrompée, car les Français obéissent naturellement à ceux à qui ils doivent obéir, et si les espérances de ceux qui ont part au ministère d'Espagne n'estoient fondées que sur cela, cet obstacle pour la paix ne devroit subsister longtemps.

La santé du Pape va toujours bien, il dit la messe et donne ses audiences comme auparavant, on dit même qu'il veut officier le jour de St Pierre.

Monsieur le Comte de Gallas n'est pas encore parti pour son gouvernement de Naples; mais il doit partir incessament. La saison est ici depuis quelques jours, fort extravagante; l'air froid causé par les pluies a fait que les bleds ont beaucoup souffert. Je vous prie Monsieur d'estre persuadé qu'on ne peut être avec plus d'estime et de sincérité que je suis entièrement à vous.

LE CARD. DE LA TREMOILLE.

Je vous écris ce soir Mr une lettre de recommandation en faveur du sr Théodore Vavotici gentilhomme de Brindisi, qui souhaite d'être choisi pour remplir la place de vice consul de cette même ville, qui a vacqué depuis peu. Je n'ay pû refuser cette lettre à la personne qui me l'a demandée; et s'il y a lieu de contenter led. sr Vavotici, vous m'obligerez extremement.

L

A Rome, ce 24e Juin 1719.

Le Vice Consulat de Brindisi de la nation Françoise Monsieur, ayant vacqué par la mort de celuy qui y estoit en qualité de Vice Consul, le sieur Théodore Vavotici gentilhomme de la même ville, qui vous présentera cette lettre m'a esté recommandé, par une personne que j'estime fort, pour remplir cette place. Comme j'ay lieu de croire que son mérite et ses bonnes qualités, dont vous vous informerez l'en rendent digne, je vous prie de la luy accorder, si cela dépend de vous, ou de le nommer jusqu'à l'arrivée de Monsieur le Consul. Je puis vous assurer Monsieur que je vous en aurai de l'obligation et qu'on ne peut estre avec plus d'estime et de sincérité que je suis entièrement à vous.

LE CARD. DE LA TREMOILLE.

LI

A Rome, ce per Juillet 1719.

J'ay reçu Monsieur la lettre que vous avez pris la peine de m'écrire le 27e du mois passé, dont je vous remercie fort. Les plus curieuses nouvelles de ce pays ci sont celles qui regardent la Sicile. Plusieurs felouques, et quelques officiers arrivés icy ont apporté à Mr le Card[l] Aquaviva la nouvelle d'une action considérable, qui s'est passée le 20e du mois passé entre les troupes de l'Empereur et celles du Roy d'Espagne. On n'en sait pas bien le détail, mais on la suppose très avantageuse aux Espagnols, tant par ce qui est desja fait que par les suites qu'elle peut avoir.

Le Roy a fait une nouvelle déclaration, ou plutôt a renouvelé celle qui avoit esté déjà faite en l'année 1717 pour imposer silence sur l'affaire de la Constitution. Il n'y avoit point d'autre remède présent pour arrêter les écrits qui se faisaient de part et d'autre, qui ne servaient qu'à aigrir et empêcher l'effect des bonnes intentions de sa majté et de Mr le Régent pour chercher les moyens de terminer cette malheureuse affaire qui trouble l'Eglise depuis près de six ans. Cette déclaration est limitée pour un an, et n'avoit estée envoyée par un courrier pour prévenir le Pape sur cette résolution de S. Mté. J'eus ces jours passés audience de S. Sté que je trouvai, grâces à Dieu, en bonne santé, Elle en a donné des preuves en ce qu'Elle a officié à S. Pierre le jour de la feste de ce St ce qui est une fonction longue et fatiguante.

Mr le Cte de Gallas partit jeudi dernier pour sa vice-royauté de Naples.

Les lettres de France portent la continuation du siège de Fontarabie. Le Roy d'Espagne s'étoit avancé à Tudella avec un corps de troupes composé principalement de cavalerie ; on ne sçavoit pas bien encore quelle estoit son intention.

On est toujours dans l'obscurité sur les affaires du Nord ; tantôt la flotte du Czar est partie, et tantôt elle ne l'est pas et nous pourrions bien n'en pas sçavoir davantage lordre prochain. Je vous prie, Monsieur, d'estre persuadé qu'on ne peut être avec plus d'estime et de sincérité que je suis entièrement à vous.

Son Eminence ayant été obligée de sortir avant de signer cette lettre, et se faisant tard ne soyez point surpris, Monsieur, si elle n'est point signée d'elle.

LII

A Rome, ce 8e Juillet 1719.

J'ay reçu Monsieur, la lettre que vous avez pris la peine de m'écrire le 4e de ce mois, et vous remercie fort des nouvelles dont elle estoit accompagnée. Je ne sçais par quel accident ma lettre du 1er Juillet ne vous a pas été rendue, je n'ay pourtant pas manqué de vous écrire chaque ordinaire. Le siège de Fontarabie va toujours son chemin, et on apprendra apparemment bientost la réduction de cette place.

Il sera difficile que l'entreprise de Sardaigne puisse se faire cette année, tant parce que toutes les choses ne soient point prestes pour cela, que parce qu'il est très dangereux d'exposer en ces temps cy les troupes à l'air de Sardaigne et surtout à celuy de Cagliari.

Il ne semble pas jusqu'à cette heure qu'il y ait de grandes dispositions à la paix. On ne sait point si l'Ambassadeur de Hollande en Espagne a entamé quelque négociation, ni s'il voit jour à les faire valoir. Il paroit qu'on veut avant toutes choses voir le succès de la Campagne.

La Recolte a été icy fort mauvaise. Il y a eu des campagnes semées de grains entièrement perdues et plusieurs autres fort endommagées de sorte que l'Etat souffriroit beaucoup si on n'avoit pas encore une assez grande quantité de grains de l'année passée. Je vous prie, Monsieur, d'estre persuadé qu'on ne peut estre avec plus d'estime et de sincérité que je suis entièrement à vous.

LE CARD. DE LA TREMOILLE.

Je vous prie, Monsieur, d'addresser cette lettre à votre vice consul d'Otrante pour qu'il la fasse passer à Corfou par la première occasion.

LIII

A Rome, ce 15e Juillet 1719.

J'ay reçu, Monsieur, la lettre que vous avez pris la peine de m'écrire le 11e de ce mois, et vous remercie fort des nouvelles qui y étoient jointes. Nous avons appris cet ordinaire par les lettres de France, la prise de Fontarabie, on ira apparemment à S. Sébastien et il est difficile de prévoir qu'elle est la vraie intention du Roy d'Espagne. On n'entend point dire que l'Ambassadeur de Hollande soit entré en négociation, ni s'il a proposé quelque projet. S. M. Catc devroit être éclaircie présentement sur le fondement qu'il semble qu'elle faisoit sur quelque parti considérable en France en sa faveur et sur la répugnance des troupes françaises à lui faire la guerre. On devroit croire que cela pourroit auvancer la paix, mais encore une fois, on ne sçait pas quelles sont ses intentions et celles de son ministre.

Quant aux affaires du Nord, on parle toujours des grands projets du Czar, mais on est dans la même obscurité dans laquelle on est depuis dix ans.

On prétend que les Turcs ne sont pas contents de la paix; cela ne laisse pas d'inquiéter les Vénitiens.

Il n'y a rien de nouveau dans ce pays ci, le Pape continue à donner des audiences et dit la messe comme auparavant. Je vous prie, Monsieur, d'estre persuadé qu'on ne peut estre avec plus d'estime et de sincerité que je suis entièrement à vous.

LE CARD. DE LA TREMOILLE.

LIV

A Rome, ce 29e Juillet 1719.

J'ay reçu, Monsieur la lettre que vous avez pris la peine de m'érire le 25e Juillet dont je vous remercie fort. Il est arrivé dans cette semaine deux félouques de Sicile, et par les lettres de Messine du 7e de ce mois, qui sont les plus fraiches, on a appris que dans l'action du 20e juin les Allemands avoient perdu 6 à 7 mille hommes et les Espagnols environ mille, que l'armée de ces derniers était toujours campée à Francavilla et devoit estre renforcée d'environ 6 mille hommes qui y devoient arriver de Palerme et de Messine. Ces mêmes lettres portent que les Allemands s'emparèrent de Trasimène le 2e de ce mois par la trahison, mais non pas de Mola qui est le château. On mande que Mr le duc d'Atri estoit arrivé au camp de Mr le Marquis de Lede et que ce Général avoit reçu des lettres de Change pour 1150 pistoles, avec des promesses du Roy catholique de luy envoyer incessamment des vaisseaux et des troupes. On écrit aussi de Messine que la principale application de M. le Marquis de Lede estoit de faire transporter du bled à Messine où il n'y en a que jusqu'au 10e du mois prochain. Par les lettres de Palerme du 20e de ce mois on a appris qu'il s'étoit encore passé une action le 11e, mais qu'on n'en sçavait point encore le succès. Ces mêmes lettres portent que trois vaisseaux anglais, qui croisent depuis longtemps devant ce fort avoient pris deux vaisseaux Genois avec 5 à 600 hommes de recrues et un 3me avec 300 hommes avoit eu le temps de les débarquer à Castel-a-mare du Golfe, mais que les Anglais s'y estant approché l'avoient brulé.

Le Pape continue à se bien porter et je vous prie Monsieur, d'estre persuadé qu'on ne peut estre avec plus d'estime et de sincerité que je suis entièrement à vous.

LE CARD. DE LA TREMOILLE.

LV

A Rome, ce 4e Aoust 1719.

J'ay reçu, Monsieur la lettre que vous avez pris la peine de m'écrire le 1er de ce mois dont je vous remercie fort des nouvelles qui y estoient jointes. Il paroit par les lettres de France que le siège de S. Sébatien n'est pas une chose si facile, quelques unes portent qu'on attendoit du canon qui devoit arriver par mer, et qui devoit être parti de Dunkerque. Les lettres du dernier ordinaire de France portoient le mal dangereux de Madame la Duchesse de Berry ; mais quelques unes d'un peu plus fraîche date venues par un courrier envoyé aux Expéditionnaires de cette ville portoient qu'Elle estoit mieux.

On souffre ici beaucoup de la chaleur qui est excessive, et il y a beaucoup de malades. Je vous prie Monsieur d'estre persuadé qu'on ne peut estre avec plus d'estime et de sincerité que je suis entièrement à vous.

LE CARD. DE LA TREMOILLE.

LVI

A Rome, ce 11e Aoust 1719.

J'ay reçu, Monsieur la lettre que vous avez pris la peine de m'écrire le 8e de ce mois et vous remercie fort des nouvelles dont elle estoit accompagnée. Celles de cette semaine sont fort stériles du costé de la France et d'Espagne, on n'avoit pas fort advancé pour le siège de S. Sébastien, et l'on écrit même que pour peu que les Espagnols fassent leur devoir, ce siège pourroit bien estre fâcheux pour nous. Il s'est répandu je ne sçais sur quel fondement, quelque bruit de traité de paix, cela serait fort à désirer. Le Pape continue à se bien porter et donna lundi dernier audience publique, comme il est accoutumé de faire tous les premiers lundis du mois.

Nous avons appris la mort de Madame la Duchesse de Berry, qu'on nous mande avoir quitté cette vie avec des sentiments pleins de piété et d'édification. Je vous prie, Monsieur, d'estre persuadé qu'on ne peut estre avec plus d'estime et de sincerité que je suis entièrement à vous.

LE CARD. DE LA TREMOILLE.

LVII

A Rome, 19e Aoust 1719.

J'ay reçu, Monsieur la lettre que vous avez pris la peine de m'écrire le 15e de ce mois et vous suis fort obligé des nouvelles dont elle estoit accompagnée. Il me parait parce que vous me mandez que les affaires des Espagnols commencent à ne pas aller trop bien en Sicile, car si les Allemands se rendent entièrement maistres de Messine, l'estant déjà en Syracuse, de Trapani et de Malazzo, ils ont tout ce qu'il y a de meilleur.

Les lettres de France nous ont apporté que la tranchée avoit esté ouverte à S. Sebastien ; quelques lettres portent que ce siège durera peu, d'autres disent qu'il pourra estre long. Le Pape continue à se bien porter. Je vous prie Monsieur, d'estre persuadé que ne peut estre avec plus d'estime et de sincerité que je suis entièrement à vous.

LE CARD. DE LA TREMOILLE.

LVIII

A Rome, ce 25e Aoust 1719.

J'ay reçu, Monsieur la lettre que vous avez pris la peine de m'écrire le 22e de ce mois et je vous remercie des nouvelles qui y estoient jointes. J'en ay reçu une autre de même date par laquelle vous me faites un détail très exact des préjudices que souffrent les bastiments français à Naples, auxquels il seroit nécessaire de remedier ; ils sont très bien déduits et me paroissent très bien fondés. Je vous dirai sur cela que M. le Chevalier de Vincelles m'en avoit desja écrit quelque chose et sur ce qu'il m'en avoit écrit j'en avois parlé à M. le Cardl de Schrottembak, la veille qu'il partit pour Naples, et l'avois prié de donner toute son attention à tout ce qui lui seroit representé sur cela par vous et par le même Mr le Chever de Vincelles, ce qu'il me promit. Je croirais donc présentement que vous n'auriez qu'à lui présenter de ma part, si vous le jugez à propos, un mémoire conforme à ce que vous avez pris la peine de m'écrire, en lui disant que c'est sur ces points, dont je lui avais parlé en général, que vous luy rendez compte en détail. Vous verrez sur cela ce qu'il vous répondra, et ce qu'il fera. Vous prendrez en suite la peine de m'en instruire, et s'il est nécessaire que je renouvelle mes instances, et qu'il y ait des points où Il ne vous aye point donné satisfaction je ne manqueray pas de le faire le plus efficacement que je pourray.

Je vois par les nouvelles que vous me mandez que les affaires des Espagnols commencent à aller mal en Sicile.

Mr le Cardl de Giudice ayant reçu par le der ordre d'Allemagne ses lettres de créance pour estre ministre de l'Empereur par intérim a esté à l'audience du Pape en cette qualité pour luy en donner part.

Nous avons célébré aujourd'huy la feste de S. Louis dans notre Eglise Nationale, ou tout le S. College assistait. Le Pape continue à se bien porter. Je ne sache rien de plus particulier à vous mander de ce pays-cy. Je vous prie d'estre persuadé qu'on ne peut estre avec plus d'estime et de sincerité que je suis, Monsieur entièrement à vous.

LE CARD. DE LA TREMOILLE.

LIX

A Rome, ce 1er Septembre 1719.

J'ay reçu, Monsieur, la lettre que vous avez pris la peine de m'écrire le 29e du mois passé et vous remercie fort des nouvelles dont elle estoit accompagnée. S'il est vray que l'amiral Bink doit estre parti presentement avec plusieurs bâtiments de transport pour aller prendre des troupes qui étoient destinées pour la Sardaigne et les débarquer à Palerme ; je ne crois pas que cette ville soit en état de se défendre dès que les troupes y paraîtront, d'autant plus que les Allemands étant desja maitres de Messine, elle ne voudra pas s'exposer aux mauvais traitements qu'elle pourroit recevoir de leur part à moins que Mr le Marquis de Lede voyant que les Allemands occupent à Messine ne vint s'opposer à leur débarquement. On ne parle en France que des profits considérables qu'on fait sur les actions de la Compagnie des Indes, tout le monde y court en foule et l'argent où plus tost l'or court en abondance.

On parle de la paix faite entre la Suède et le Roy d'Angleterre et on suppose que le Roy de Prusse entre aussi dans une alliance offensive et défensive entre les princes, on dit aussi que le Czar a fait une descente en Suède, mais tout cela se détruira peut estre par le premier ordinaire.

J'ay obtenu pour Monsieur le Chevalier d'Orléans le Bref du Pape qui lui estoit nécessaire pour qu'il put profiter de la démission que Mr le Grand Prieur de Vendôme a fait en sa faveur du Grand Prieuré de France.

Le Chevalier de St Georges arriva il y a quelques jours à Montefiascone six postes hors du mauvais air des campagnes de Rome, au moment où l'on s'y attendait le moins. Il en envoya donner avis à la Princesse son épouse, laquelle eut audience du Pape mercredi dernier et est partie aujourd'hui pour l'aller trouver avec fort peu de monde. Ce prompt retour du Chever de St Georges donne matière à discourir, et presque tout le monde en veut inférer la paix prochaine cependant nous n'en avons aucune lettre d'aucun endroit.

Je suis bien aise que Mr le Cardinal de Schrottenbak vous ait reçu gracieusement. J'espère que vous recevrez de luy toute la protection que vous pourrez espérer par rapport aux affaires de France, qui peuvent regarder le consulat. Je vous prie, Monsieur, d'estre persuadé qu'on ne peut estre avec plus d'estime et de sincérité que je suis entièrement à vous.

LE CARD. DE LA TREMOILLE.

LX

A Rome, ce 8e Septembre 1719.

J'ay reçu, Monsieur, la lettre que vous avez pris la peine de m'écrire le 5e de ce mois. Quant à l'article qui regarde le Patron Aubert je n'ay aucune difficulté d'en écrire à Monsieur le Vice-Roy, mais il me paroit naturel de tenter auparavant la voye de Monsieur le Chever de Vincelles, qui est chargé des affaires du Roy à Naples, et si après cela on a besoin encore que j'écrive, je le ferai de bon cœur ayant déjà recommandé très fortement Monsieur le Cardinal de Schrottenbak avant qu'il partit d'icy et en particulier les affaires qui regardent nos bâtiments.

On écrit de plusieurs endroits que la paix est faite entre le Roy Georges et la Suède. On mande plusieurs choses tant par rapport au Roy de Prusse, au Roy de Danemarck et au Czar, qui ont besoin d'être mieux éclaircies.

Nous ne voyons rien qui tende à la paix avec l'Espagne.

Le Pape ayant pris la résolution d'envoyer un Prélat à la Chine comme S. S. y avait desja envoyé feu Monsieur le Cardinal de Tournon, a choisi pour cet emploi un prélat nommé Monseigneur Mezzabarba, qui est un jeune homme qu'on dit avoir du mérite. Il estait occupé icy dans les gouvernements de l'Estat Ecclésiastique. Il doit estre proposé Patriarche d'Alexandrie dans le premier consistoire.

Le feu ayant pris à des bois considérables qui sont du costé d'Ostie, a duré plusieurs jours sans qu'on put l'éteindre. Plusieurs particuliers, à qui appartenoient ces bois, y ont perdu considérablement.

Le Pape continue, grâces à Dieu, à jouir d'une parfaite santé. Je vous prie, Monsieur, d'estre persuadé que je suis avec passion et sincérité entièrement à vous.

LE CARD. DE LA TREMOILLE.

LXI

A Rome, ce 15e Septembre 1719.

J'ay reçu, Monsieur, la lettre que vous avez pris la peine de m'écrire le 12e de ce mois, et vous remercie fort des nouvelles dont elle estoit accompagnée. Les nouvelles de cette semaine sont un peu stériles ; nous apprenons par les lettres de France les mesures qu'on y prend pour payer les dettes de l'Estat, et les grands projets de la Compagnie des Indes qui prête de grosses sommes au Roy ; l'argent continue à rouler dans le royaume ; cette Compagnie a fait beaucoup en peu de temps.

Le Consistoire qui se devoit tenir, il y eut mercredy huit jours, a esté différé plusieurs fois ; je crois qu'il se tiendra lundi prochain. Le Château de St Sébastien s'est rendu plus tost que l'on ne l'esperoit. Le Pape continue à se bien porter. Je vous prie d'estre persuadé qu'on ne peut estre avec plus d'estime et de sincérité que je suis Monsieur entièrement à vous.

LE CARD. DE LA TREMOILLE.

LXII

A Rome, ce 23e Septembre 1719.

J'ay reçu, Monsieur, la lettre que vous avez pris la peine de m'écrire le 19e de ce mois, et vous remercie fort des nouvelles qui y estoient jointes. Il y a apparence que les bâtiments que l'on a vu en mer du costé de l'Isle d'Iskia ne sont pas ceux qui estoient aller embarquer des troupes impériales à Gênes, car on écrit de cette ville que Mr l'amiral Bing y estoit encore le 16e de ce mois, et qu'il n'y avoit pas d'apparence que le convoy en put partir avant la fin de septembre.

On mande d'Espagne que le Roy catholique avoit repris le chemin de Madrid et alloit à petites journées.

Nous apprenons par tous les ordinaires de France quelques nouvelles dispositions dans les affaires des finances ; on ne peut encore juger les avantages qui reviendront de toutes ces dispositions.

Le Pape tint lundi dernier un consistoire, ou il proposa l'Eglise Patriarcale d'Alexandrie pour Mgr Mezzabarba, qu'il a destiné pour envoyer à la Chine de la même manière qu'il avoit envoyé feu Mr le Cardl de Tournon, et à cette occasion Il fit un fort beau discours. Ce prélat conduit avec soy un assez grand nombre de missionnaires et doit s'embarquer sur les vaisseaux du Portugal. Le Pape ayant bien voulu faire cesser les difficultés qu'il avoit eues sur quelques uns des sujets nommés aux Eglises de France, celles qui estoient en estat y furent préconisés ou proposées ; celles de Tours et de Bayeux sur lesquelles estoient tombées les difficultés y furent proposées, ainsi cette affaire est terminée. Je vous prie, Monsieur, d'estre persuadé qu'on ne peut estre avec plus d'estime et de sincérité que je suis entièrement à vous.

LE CARD. DE LA TREMOILLE.

LXIII

A Rome, ce 30e Septembre 1719.

J'ay reçu, la lettre que vous avez pris la peine de m'écrire le 26e de ce mois et vous remercie fort des nouvelles dont elle estoit accompagnée. Il y a des gens qui prétendent que les troupes que l'amiral Bing doit embarquer à Vadu ne sont plus pour la Sicile et que sur les instances du Roy de Sardaigne elles doivent aller en Sardaigne, mais j'ay peine à ajouter foy à cette destination.

Rien encore ne nous annonce la paix avec l'Espagne ; il paroit au contraire que la guerre va s'allumer en Catalogne, le Roy Catholique estoit retourné à Madrid, et l'on a de la peine à comprendre quelle est l'intention du Conseil d'Espagne.

On parle un peu plus conséquement qu'on n'avoit fait jusqu'à cette heure de ce qui se passe dans le Nord, on continue à assurer la Suède et le Roy d'Angleterre et il paroit que tout se tourne contre le Czar.

Le Patriarche d'Alexandrie se dispose à partir bientôt pour la Chine avec un grand nombre de missionnaires, qui ont desja pris la bénédiction du Pape. S. Sainteté continue à se bien porter. Je vous prie, Monsieur, d'estre persuadé qu'on ne peut estre avec plus d'estime et de sincérité que je suis entièrement à vous.

LE CARD. DE LA TREMOILLE.

LXIV

A Rome, ce 13e Octobre 1719.

Je ne puis m'empêcher de vous dire, Monsieur, que sur divers recours qu'on m'a fait sur ce qui se passe à Naples à l'égard des vaisseaux de la Nation qui y abordent, j'ay cru devoir m'informer de la vérité, et sur les informations que j'ai eues, j'ay esté étonné d'apprendre ce que j'ay appris. Je voudrais pouvoir ignorer, ou tout au moins pouvoir croire qu'on m'en a fait entendre plus qu'il n'y en a. Cependant comme je crois que le mal est grand et qu'il y a besoin de remède, je crois devoir vous dire aujourd'huy que Mr le Cheveʳ de Vincelles estant à Naples chargé des affaires du Roy, vous devez vous régler par ses avis et par ses ordres.

Je crois vous devoir dire en second lieu que vous devez vous abstenir de faire mettre en prison les capitaines des bastiments par la raison qu'ils refusent de laisser visiter leurs bastiments, ou est le pavillon de France, par les Sbires ou Zaffis, jusqu'à ce que vous ayez eu une décision du Conseil de Marine sur cela.

Je crois aussi vous devoir dire en troisième lieu; pour remedier aux abus qui peuvent naistre tous les jours de ce que vous ou M. le Consul avez donné des patentes de vice-consul à des gens qui ne sont point de la nation et qu'on suppose estre entièrement attachés à la douane, vous devez ou choisir un vice consul François ou faire vous même vos visites comme les autres consuls les pratiquent sans Zaffis ni visites jusqu'à ce que le Conseil de Marine vous ait donné les ordres que vous devez suivre et prendre sur tout ce que je vous dis l'avis de Monsieur de Vincelles et de ne rien faire ni sur cela, ni sur autre chose sans sa participation. Je suis, Monsieur avec toute la sincérité possible entièrement à vous.

LE CARD. DE LA TREMOILLE.

LXV

A Rome, ce 14e Octobre 1719.

Votre lettre, Monsieur, du 10e de ce mois est arrivée après le départ de Monseigneur le Cardˡ qui partoit hier pour aller passer une douzaine de jours à la campagne, ainsi il y a apparence que vous ne recevrez point de ses lettres par l'ordinaire prochain. Son Eminence a ordonné avant de partir à ses secretaires de vous mander le peu de nouvelles qu'il y auroit. Ce Ce pays ci n'ent fournit pas cette semaine et celles de France ne consistent que dans les actions du Mississipi ; on ne parle plus à Paris que des opérations de Monsieur Law et comme plusieurs personnes ont fait de grandes fortunes par ces mêmes actions, et que l'on a remis plusieurs imposts, ceux qui en profitent, comme ces particuliers et le Peuple, lui donnent beaucoup de benédictions. Je ne sçais si ceux qui perdent une partie de leurs revenus par le remboursement des rentes, et par ce qu'ils ne croient pas avoir beaucoup de suretés à placer ce qui leur reste de leur fonds en font de même.

Le Pape jouit grâces à Dieu d'une parfaite santé.

Rien ne ressemble à la paix dans tout ce qui se passe en Espagne. Les troupes de France doivent présentement estre en possession d'Urgel et de sa plaine ; on ne sçavait si elles attaqueroient Roses avant la fin de la campagne.

Cette lettre n'est pas signée.

LXVI

A Albane, ce 27e Octobre 1719.

J'ay reçu Monsieur deux de vos lettres du 17e de ce mois dont l'une estoit une réponse de celle que je vous avois écrit en particulier sur l'affaire qui regarde le Consulat à laquelle je ne réponds point. Je suis encore à Albane où je seray encore jusqu'à demain, et c'est par cette raison que je n'accuse point votre lettre du 24e qui me sera apparement rendue demain à Rome. Toutes les lettres de France ne parlent que des actions des Indes et du Mississipi et du dégast que fait la petite vérole à Paris. Il parait que les affaires du Nord commencent à se débrouiller et que le Czar de Moscovie est celui qui est le plus à craindre. Il faut espérer que la plus part des affaires de l'Europe achevront d'estre débrouillées cet hiver car la campagne qui s'est faite cette année pendant la paix n'a guère esté que celle qui se faisaient pendant la guerre. Je vous prie d'estre persuadé qu'on ne peut être avec plus d'estime et de sincerité que je suis entièrement à vous.

LE CARD. DE LA TREMOILLE.

LXVII

A Frascati, ce 4e Novembre 1719.

J'ay reçu Monsieur la lettre que vous avez pris la peine de m'écrire le 31 octobre avec l'imprimé qui y estoit joint, dont je vous remercie fort. On parle toujours de la paix fort douteusement ; nous n'en voyons jusqu'aujourd'huy aucune apparence puisque les troupes de France avaient assiégé le château d'Urgel. Cependant quelques lettres assurent qu'il y a des traités de paix qui avancent fort.

On prétend que l'armement qui se faisoit en Angleterre est destiné pour la Corogne. La prise de ce port generoit fort le

Roy d'Espagne, et contribueroit beaucoup à empêcher ce Prince de se rendre puissant par mer.

Les Hollandais n'ont point encore accedé à la quadruple alliance ; et M. de Chavigni me mande de Gênes que le convoi qui amène notre artillerie y estoit arrivé et qu'il le faisoit passer à Vado. Le Chev^er^ de St Georges est arrivé à Rome avec la Princesse son Epouse. Il seroit à souhaiter pour luy qu'il fut un peu plus au large qu'il n'est, car le Pape n'est pas en estat de lui donner tous les secours, dont il auroit besoin, et qu'il voudroit bien lui donner. Sa S^té^ a esté un peu incommodée ces jours ci, mais elle se porte mieux. Je vous prie, Monsieur, d'estre persuadé que je suis avec estime et sincérité entièrement à vous.

LE CARD. DE LA TREMOILLE.

LXVIII

A Rome, ce 11e Novembre 1719.

J'ay reçu, Monsieur, la lettre que vous avez pris la peine de m'écrire le 7e de ce mois et vous remercie fort des nouvelles qui y estoint jointes. Il n'y a guère d'apparence que les bruits qui s'estoient répandu de traité de paix fussent bien fondés, puisque nos troupes viennent de prendre le château d'Urgel et que toutes les nouvelles marquent qu'on va assiéger Roses. On ne sçait point encore à quoi est destiné l'armement fait en Angleterre, chacun en raisonne selon ses principes. La saison paroist bien avancée pour mettre une flotte en mer, mais il me semble que depuis le commencement de ce siècle on fait la guerre en tout temps ; on établissoit autrefois des quartiers d'hiver et chacun retournait chez soi dans cette saison.

Monsieur Law continue en France à faire de grandes choses ; il est question presentement du paiement de toutes les debtes du clergé.

Monsieur le Nonce qui estoit en France est en chemin pour revenir. Le Pape ne s'est pas encore determiné sur le choix de celui qui lui succedera.

On parle ici de la promotion de Cardinaux, on ne peut néantmoins assurer qu'elle se fasse dans le premier consistoire. Quoique Sa S^té^ se porte beaucoup mieux de son incommodité, elle n'est pourtant pas en estat de la tenir si tost, car il lui reste une grande faiblesse causée en partie par la grande diète que les médecins Lui font observer. Je vous prie d'estre persuadé qu'on ne peut estre avec plus d'estime et de sincérité que je suis, Monsieur entièrement à vous.

LE CARD. DE LA TREMOILLE.

LXIX

A Rome, ce 18e Novembre 1719.

J'ay reçu, Monsieur, la lettre que vous avez pris la peine de m'écrire le 14e de ce mois dont je vous remercie. Il n'y a rien de nouveau à mander dans ce pays-cy. Le Pape se porte mieux et assista jeudi dernier à la Congregation du S. Office, et donna même audience aux Cardx comme Il a coutume de le faire après la congregation. Cependant il n'y aura point de consistoire lundi prochain comme on l'avoit dit ; on suppose toujours icy que Sa Sté faira la promotion des Cardinaux dans le premier consistoire qu'Elle tiendra. On sçait bien une partie des sujets qui y seront compris, mais on suppose qu'Elle en retiendra quelques uns *in petto*.

La tranchée n'estoit point encore ouverte à Roses, quelques avis portent que la flotte Angloise, dont on ignoroit la destination est arrivée en Gallice. Je vous prie d'être persuadé qu'on ne peut estre avec plus d'estime et sincerité que je suis, Monsieur, entièrement à vous.

LE CARD. DE LA TREMOILLE.

LXX

A Rome, ce 25e Novembre 1719.

J'ay reçu Monsieur, la lettre que vous avez pris la peine de m'écrire le 21e de ce mois, dont je vous remercie fort. Il y a apparence que la guerre sera suspendue pendant l'hiver en Sicile ; Je ne sais si on traitera la paix pendant ce temps la ; Il ne paroit pas jusqu'à cette heure qu'on se rapproche assez pour cela. C'est un bien qui viendra peut estre à l'heure qu'on s'y attendra le moins. Les nouvelles de cette semaine ne nous ont rien appris du costé du Nord, cela ne me surprend pas, car celles de ce pays là laissent toujours quelque chose d'obscur, qui fait qu'on ne peut les suivre par de grands intervalles, qui se passent ordinairement entre des nouvelles qu'on mande comme seures, et celles qui disent le contraire après.

Le Pape se porte toujours mieux, et est entré dans la 20e année (1) de son Pontificat. Sa Sté assista jeudi dernier à la Chapelle qui se tient tous les ans le 23e de ce mois pour l'anniversaire de sa création, et voulut me faire l'honneur de me donner

---

(1) Clément XI, qui fut Pape de 1700 à 1722, publia la Bulle *Unigenitus* contre les Jansenistes.

le *Pallium*, et j'eus aussi celui d'y chanter la messe. On suppose toujours icy qu'Elle faira la promotion des Cardinaux dans le premier consistoire qu'Elle tiendra. Cette promotion, selon les apparences ne donnera pas beaucoup de joye à Rome, car on suppose qu'il n'y aura aucun sujet de ce pays cy de déclaré, à la réserve des Nonces de France et de Vienne, et du Père Salerne Jésuite, et on doute fort que les places qui seront réservées, soient pour ceux des Prélats de ce pays cy qui avoient lieu de s'y attendre par leurs charges. Je suis Monsieur avec estime et sincerité entièrement à vous.

LE CARD. DE LA TREMOILLE.

LXXI

A Rome, ce 2e Décembre 1719.

J'ay reçu, Monsieur, la lettre que vous avez pris la peine de m'écrire le 28e du mois passé, et vous remercie fort des nouvelles qu'elle contenoit. La Poste de France n'est pas encore arrivée à l'heure que j'écris cette lettre, et nous ne sçavons rien de particulier d'Espagne, sinon que les bâtiments qui estoient destinés pour le siège de Roses estoient la plupart arrivés dans la plage de cette place. Les bâtiments françois, qui doivent transporter les munitions en Sicile, avoient beaucoup souffert de la tempeste et estoient rentrés la plupart à Livourne. Un Brigadier des armées du Roy et deux Ingénieurs qui se sont trouvés sur ses Bâtiments, ont pris le chemin de terre et ont passé par Rome pour aller à Naples et de la à Messine.

Les affaires du Nord paroissent plus brouillées que jamais et nous sommes toujours dans notre incertitude ordinaire sur ce qui se passe dans ce Pays là.

Le Pape fit enfin mercredi dernier la promotion des Cardinaux. Il en déclara neuf et retint une des places, que l'on suppose devoir estre pour remplir la nomination du Roy d'Espagne. Je ne vous nomme pas les sujets parce que vous le sçaurez avant de recevoir cette lettre par toutes les gazettes ou les avis publics. Comme aucun des Prélats de Rome, qui avoient lieu d'espérer d'y entrer par leurs charges et leurs services n'y a esté compris ; cette promotion a esté peu applaudie en ce pays cy. Aucun Cardinal ministre des couronnes ne s'est trouvé à ce Consistoire. Le Pape continue à se mieux porter. Je vous prie, Monsieur, d'estre persuadé qu'on ne peut estre avec plus d'estime et de sincérité que je suis entièrement à vous.

LE CARD. DE LA TREMOILLE.

LXXII

A Rome, ce 9e Décembre 1719.

J'ay reçu Monsieur, la lettre que vous avez pris la peine de m'écrire le 5e de ce mois, dont je vous remercie fort. Il paroît par les dernières lettres qu'on a reçues de France, que le siège de Roses est remis à un autre temps. On ne parle pas plus de paix pour cela, et on ne peut pas comprendre pourquoi l'Espagne n'entre point encore dans les traités de paix. Ces mêmes lettres parlent toujours des actions de la Compagnie des Indes, auxquelles on court plus que jamais. On vient en foule des Provinces pour avoir part à ce gâteau et Monsieur Law est étonné luy-même de les voir monter si haut. On ne parle que de fortunes considérables.

Le Pape continue à se bien porter. Sa Sainteté assista hier à la Chapelle qui se tient tous les ans pour l'anniversaire de sa création. Je vous prie, Monsieur d'estre persuadé qu'on ne peut estre avec plus d'estime et de sincerité que je suis entièrement à vous.

LE CARD. DE LA TREMOILLE.

LXXIII

A Rome, ce 16e Décembre 1719.

J'ay reçu, Monsieur, la lettre que vous avez pris la peine de m'écrire le 12e de ce mois et vous remercie des nouvelles dont elle estoit accompagnée. L'armée de France avoit commencé à défiler pour aller aux quartiers d'hiver après avoir remis à un autre temps le siège de Roses. On ne sçait rien de certain sur la petite flotte sur laquelle on suppose le duc d'Ormond embarqué.

Le Pape tint hier un consistoire. Sa Sainteté y proposa l'Eglise de Virtsbourg en faveur de Mr de Schomborn, dont l'élection avoit esté confirmée dans la congregation consistoriale qui s'estoit tenue quelques jours auparavant; Sa Sainteté continue à se bien porter.

Il faut se remettre aux lettres de Paris pour parler des actions de la Compagnie des Indes et du Missisipi, c'est un prodige dont la connaissance ne vient pas encore jusqu'à nous; nous sçavons seulement jusqu'à cette heure que le change est à un prix exorbitant.

La feste de Ste Luce fut célébrée mercredi dernier comme à l'ordinaire.

J'entends dire que quoique le Nonce du Pape soit retourné à Naples il n'est pas encore rentré en possession de l'exercice de la Nonciature ; vous me fairiez plaisir de me donner quelque éclaircissement sur cela. Je vous prie cependant d'estre persuadé qu'on ne peut estre avec plus d'estime et de sincerité que je suis entièrement à vous.

LE CARD. DE LA TREMOILLE.

LXXIV

A Rome, ce 23e Décembre 1719.

J'ay reçu la lettre que vous avez pris la peine de m'écrire le 19e de ce mois dont je vous remercie fort. Je me retrancheray aujourd'huy à vous souhaiter toutes sortes de prospérités à l'occasion des festes de Noël. Nous sommes tellement accablés de ceremonies et d'écritures pendant ce temps cy que toute la journée se passe sans qu'on ait un moment à soy; aussi bien n'y a-t-il rien de nouveau qui mérite d'estre mandé. Le Pape continue à se bien porter. Je vous prie Monsieur d'estre persuadé qu'on ne peut estre avec plus d'estime et de sincerité que je suis entièrement à vous.

LE CARD. DE LA TREMOILLE. (1)

LXXV

A Rome, ce 13e Janvier 1720.

J'ay reçu, Monsieur, la lettre que vous aviez bien voulu écrire à son Eminence le 9e de ce mois, et c'est avec la plus vive douleur, que je me vois obligé aujourd'huy, par rapport à la place que j'avois l'honneur de remplir auprès d'Elle, de vous apprendre que le ciel nous l'enleva mercredi dernier sur les six heures du soir après avoir reçu tous les sacrements et nous avoir donné toutes les marques les plus édifiantes de sa résignation aux ordres de la Providence. Ce Seigneur, qui n'aura jamais de semblable par sa bonté et par son zèle pour le service du Roy a nommé pour ses héritiers M. le Duc de Noirmoutier et Madame la Princesse des Ursins ses frère et sœur. Ses executeurs testamentaires sont Messeigneurs les Cardinaux Gualtieri et Ottoboni et Mgr Lanti son nefveu, le Revme Père Cloche général des

(1) C'est la dernière lettre du Cardinal.

Dominiquain's et M[r] le Chevalier de la Chausse. Il a bien voulu aussi m'honorer dans son testament de la garde de tous les papiers qui regardent le service du Roy. Vous pouvez M[r] aisement juger de mon extreme affliction et de mes embarras dans une conjecture si douloureuse. J'ose espérer que cette situation me servira d'une excuse légitime auprès de vous écrire d'une main étrangère. Je suis avec un véritable attachement, Monsieur vostre très humble et très obéissant serviteur.

Signé : D'HUGUES.

LXXVI

A Rome, ce premier Mars 1720.

J'apprends, Monsieur, par quelques lettres de Naples que Monsieur de Vincelles y est dangereusement malade. Si le Seigneur venoit à disposer de sa vie vous sçavez de quelle importance il seroit de veiller exactement à la sureté des papiers dont les ministres du Roy sont les dépositaires ; et je suis convaincu qu'en l'absence de Monsieur de Charleval vous ordonnerez à cet égard tout ce que le bien du service exigeroit de vous en une aussi triste occasion. Comme nous venons d'éprouver ici le même malheur dont vous estes menacés à Naples peut être ne serez vous pas fâché d'apprendre la conduite que nous avons tenue après la mort de M. le Cardinal de la Tremoille pour vous y conformer avec d'autant plus de confiance que son Altesse Royale a bien eu la bonté de ne pas la desapprouver. Au même moment que nous perdimes cette Eminence nous fîmes apposer le scellé du Roy sur les portes de son cabinet et de sa secretairie ; les principaux de la Nation y furent appelés comme témoins et afin d'en rendre l'exécution plus difficile après y avoir appliqué quelque sceau particulier nous commimes un homme seul à la garde du scellé ; nous l'en rendimes solidairement responsable et nous ne luy permimes de s'en éloigner que lorsque son Altesse Royale m'eut honoré de ses ordres. Je croirais qu'au cas que Dieu vint à enlever Monsieur le Chevalier de Vincelles vous pourriez tenir la meme conduite. On m'a dit qu'il avoit mis sa confiance en Monsieur Paul et qu'on pourroit surement compter sur sa fidélité. Je vous prie cependant d'estre persuadé qu'on ne peut estre avec plus d'estime que je suis, Monsieur, entièrement à vous.

Lafiteau n. à l'Ev. : de Sisteron

P. S. — Au moment que j'allois fermer cette lettre je reçois celle par laquelle vous m'apprenez la mort de M. le Chevalier de Vincelles, que je regrette infiniment. Je suis surpris qu'il ne soit passé aucun courrier pour en donner avis à la Cour ; vingt-quatre heures plus tôt j'étais en état de le faire par un exprès que j'y ai dépêché. Je crois que vous avez fait très sagement de prendre le parti que vous avez pris par rapport au scellè.

LXXVII

A Rome, ce 8e Mars 1720.

Au moment que je reçois un courrier qui me vient expédié de Paris, Monsieur je prends le parti de vous dépêcher un espres qui vous remettra quelques lettres adressées à Monsieur le Chevalier de Vincelles parmi lesquelles il y a une dépêche du Marquis Besclh-Londi Ambassadeur d'Espagne à la Haye, lequel donne avis à Monsieur le Marquis de Lede qu'il a signé avec les plénipotentiaires de l'Empereur, de France et d'Angleterre, en vertu d'un plein pouvoir du Roy Catholique, l'occasion du Roy son maître purement et simplement à la quadruple alliance. Il y a aussi une lettre du Comte de Windisgratz envoyé de l'Empereur à la Haye et du Baron de Benderider ministre plenipotentiaire de l'Empereur à Paris pour informer Monsieur le Comte de Mercy de la même signature. Comme on ignorait à la Cour la mort de Mr le Chevalier de Vincelles, je vous envoie toutes les dépêches qui luy estoient adressées. Vous jugez bien, Monsieur, qu'il est important que cet avis passe le plus promptement qu'il sera possible à ces Généraux, afin de prévenir tous les accidents qui peuvent arriver entre les deux armées pendant que les Généraux demeureroient incertains de la paix. Usez donc s'il vous plait de toute la diligence possible pour leurs envoyer les paquets qui leur sont addressés, et ne manquez pas je vous prie au même moment que vous receverez mon courrier de leur en dépêcher un autre sur le champ pour leur apporter leurs lettres. Je suis très parfaitement, Monsieur, entièrement à vous.

Les Dépêches pour Monsieur le Chevalier de Vincelles qui me paroissent les plus pressées et que vous pourrez ouvrir avant les autres sont celles sur lesquelles j'ay mis ces paroles : *en diligence ;* mais vous ne sçauriez vous y tromper car je crois qu'il n'y en a point d'autres.

† P. F. Ev. : DE SISTERON.

LXXVIII

A Rome, ce 16e Mars 1720.

J'ay reçu, Monsieur, la lettre que vous avez pris la peine de m'écrire le 12e de ce mois, avec celles qui y estoient jointes pour M. l'abbé Dubois et une autre pour Londres. Je les enverrai toutes mardi prochain par l'ordinaire de France. La santé du Pape se trouva hier un peu alterée par un léger accès de fièvre qui grâces à Dieu jusqu'ici n'a eu aucune suite.

L'affaire de la maison Ottoboni avec la République de Venise est sur le point de s'accommoder à la satisfaction du Roy.

Monsieur le Cardinal Prioli est mort cette nuit après une longue maladie ; c'est le deuxième chapeau qui vacque depuis la deuxième promotion de Cardinaux.

Soyez persuadé, Monsieur, que personne au monde n'est avec une estime plus sincère que je suis entièrement à vous.

† P. F. Ev. : DE SISTERON.

LXXIX

A Rome, ce 23e Mars 1720.

J'ay reçu, Monsieur deux lettres que vous avez pris la peine de m'écrire le 15e et le 19e de ce mois et je vous remercie fort des nouvelles qui l'accompagnaient. Vous avez parfaitement bien fait de m'adresser les paquets de Monsieur l'amiral Bing, je n'ai pas manqué de les envoyer par la poste de France.

Il s'est tenu icy deux congregations au sujet du Card[l] Alberoni ; on n'a encore pu pénétrer ce qui fut résolu hier au soir dans la seconde. On a sçu que dans la première le Pape avoit formé de grosses plaintes contre la République de Gênes ; qu'il avoit ordonné quelques Card[x] d'instruire le procès du Cardinal Alberoni et qu'il voulait qu'on le jugeât sur trois chefs ; l'un d'avoir secouru le Turc, le second d'avoir promis des vaisseaux à Sa S[té] et de luy avoir manqué de parole ; le troisième d'avoir tenu une conduite si peu chrétienne qu'il omettait jusqu'à son devoir Pascal. La congregation établie pour juger de cette affaire en devoit hier prononcer définitivement, mais on n'en sçait encore l'issue.

On écrit de Perpignan qu'on y attendoit de jour à autre des ordres pour publier la paix à la teste des deux camps.

Le Pape tint mercredi un consistoire. Il avoit fait savoir avant de s'y rendre qu'il ne vouloit parler qu'à trois Cardinaux

Gênois. Il declara ensuite dans le consistoire secret qu'il avoit des raisons pour obliger l'Evêque de Murcie à accepter le chapeau de Cardinal, et fit en même temps l'élogè de ce Prélat. Il y demanda aussi aux Cardinaux leurs lumières pour agir contre un de leurs confrères qui n'avoit pas mérité autant d'éloges que l'Evêque de Murcie. Il vouloit dire du Cardinal Alberoni. Soyez persuadé, Monsieur, qu'on ne peut estre avec une estime plus sincère que je suis entièrement à vous.

† P. F. Ev. : DE SISTERON.

LXXX

A Rome, ce 30 Mars 1720.

Un courrier qui m'a esté dépêché de la Cour m'a apporté, Monsieur, la nouvelle que M. le Cardinal de Noailles et généralement tous les Evêques de France ont accepté la Constitution *Unigenitus*. Cette nouvelle a extremement réjoui le Pape, ainsi voila une affaire qui causait tant de troubles à l'Eglise finie à la satisfaction de Sa Sainteté. Je dois renvoyer ce même courrier ce soir ou demain au plus tard.

On m'écrit de Gênes que M. le Card[l] Alberoni s'estoit sauvé de Sestri la nuit du 21e au 22e de ce mois avec un seul valet. On ne sçait point qu'elle route il a pris, mais on est fort curieux d'apprendre le lieu de sa retraite.

Le Pape se porte à merveille. Il est au Vatican et a assisté aux fonctions de la Semaine Sainte. Il doit demain chanter la messe dans sa chapelle. Je n'ay rien de plus particulier qui soit digne d'estre mandé et je vous prie cependant d'estre persuadé qu'on ne peut estre avec plus de sincérité que je suis entièrement à vous.

† P. F. Ev. : DE SISTERON.

LXXXI

A Rome, ce 13e Avril 1720.

J'ay reçu, Monsieur, la lettre que vous avez pris la peine de m'écrire le 9e de ce mois. J'auray soin de faire partir toutes les lettres que vous m'avez adressées pour France. Je vous dépechai hier de grand matin un de mes domestiques pour vous porter une lettre de change de quinze cents écus romains, qui sont destinés pour les quinze officiers François détenus par les Espagnols en Sicile, et qui seront mis en liberté. Je vous adressay en même temps une lettre qui m'a esté envoyée de la Cour pour Monsieur le Marquis de Lede.

On apprend de tout côté que l'Empereur veut faire une disposition de ses états en faveur de sa fille aisnée, et que pour cela il avoit intimé une diete générale pour le 8e de ce mois dans laquelle il devoit présenter ses dernières volontés.

Enfin Monsig[le] Massin qu'on souhaite tant en France partit d'icy mardy dernier en diligence pour Paris.

Monsieur le Comte de Sabran grand Chamellan de son Altesse Royale est icy. Il en partira mercredy prochain pour aller à Gênes audevant de Mad[e] la Princesse de Modane. Je vous prie, Monsieur, d'estre persuadé qu'on ne peut estre avec une estime plus sincère que je suis entièrement à vous.

† P. F. Ev. : DE SISTERON.

LETTRES DU MARÉCHAL D'ESTRÉES

Ayant donné *in extenso* les lettres du Cardinal de la Trémoille, il semble inutile d'agir de même pour celles-ci. D'abord elles sont moins intéressantes et plusieurs feraient double emploi; je vais donc me borner à les analyser à grands traits en donnant copie de deux lettres qui donneront une idée du ton des autres ; j'y ai ajouté une lettre de M. Du Bourg et une du Cardinal Dubois.

Ce dossier se compose de 73 lettres, mais 8 (heureusement peu importantes) ont été rongées par les souris qui ont complètement coupé les dates. J'ai suivi l'ordre des dates de ces lettres qui toutes viennent de Paris.

Dans les 8 premières, du 1er mai au 25 juillet 1718, le Maréchal d'Estrées recommande de le mettre au courant de tout ce qui se passe dans le royaume de Naples et le remercie du zèle qu'il met à le renseigner. Dans une seconde lettre du 25 juillet le maréchal dit qu'il a reçu la lettre de M.r de Laleverie lui annonçant que le nommé Palombo, sur un bâtiment armé en course, est arrivé à Naples avec les Turcs et qu'il a enlevé la barque française du patron Moret. Le Conseil (sans doute le Conseil de Marine) approuve les démarches auprès du Comte de Daun vice-roi.

Cette lettre comme les autres émanant du Conseil ont la signature L.-A. de Bourbon au-dessus de celle du Maréchal.

Voici la copie de la lettre écrite au Conseil de Marine par M. Du Bourg.

A Vienne, le 10 Septembre 1718.

J'ai reçu (1) la lettre dont le Conseil de Marine m'a honoré le 21 août. Je n'ai pas discontinué de faire des instances pour obtenir la justice qu'on doit attendre touchant l'entreprise du corsaire Palombo, mais je n'ai encore pu parvenir à avoir une réponse positive du Conseil d'Espagne et l'affaire est toujours suspendue en attendant les éclaircissements demandés au Comte de Gallach, j'espère que le Cte de Charleval m'enverra de quoi prouver l'irrégularité des procédures faites à Rome et à Naples, car ce Consul prétend que la question n'a point été décidée à Rome, celui de l'empereur écrit le contraire et c'est cependant ce prétendu jugement qui arrête tout ici, en sorte que la consulte n'est effectivement point prononcée sur la validité ou l'invalidité de la prise. Je me suis contenté de représenter au Marquis de Perlas que quand bien même elle aurait prononcé, le Roy ne pourrait pas s'en tenir à son jugement dans une affaire qui intéresse non seulement ses sujets, mais encore toutes les nations qui commercent au Levant et dans la Barbarie quoi qu'on peut ignorer à Rome la teneur des traités et les usages reçus parmi les différentes nations commerçantes et que le Consul de l'Empereur a si bien connu cette vérité qu'il a d'abord déclaré que le Tribunal ne pourrait pas connaître de cette affaire, que c'était donc à l'Empereur seul de rendre justice et que j'aurais d'autant plus lieu de l'attendre de ce Prince que lui Marquis de Perlas me paraissait persuadé du sérieux de l'affaire et de la vérité de mes raisons. Je lui citai entr'autres exemples celui du Mis de Fleury qui ayant commission de l'Empereur prit un v^au^ anglais sur lequel il y avait plusieurs Turcs embarqués qu'il conduisait à Malte ; l'ordre refusa de les rendre et Charles 2e Roy d'Angleterre envoya de concert avec la France une escadre pour se faire rendre justice. Je conclus par prier le Mis de Perlas de me donner une réponse telle que l'Empereur le jugerait à propos afin que je puisse justifier mes diligences et mettre le Con^el^ en état de prendre alors les mesures qu'il trouverait convenable. Ce ministre m'a promis très positivement de prendre l'ordre de l'Empereur et que j'aurais satisfaction. J'attendrai d'autres démarches, mais si après ce temps là le Conseil d'Espagne ne conclut rien je ferai en sorte de passer la chose à la conférence du ministre allemand (2).

---

(1) Je n'ai pas cru devoir maintenir l'ortographe ancienne.

(2) Il n'y a pas de signature.

Dans les lettres du mois de septembre il est toujours question d'affaires de contrebande, mais M. de Laleverie obtient du viceroy le Cte de Daun tout ce que l'on désirait.

Dans la lettre du 5 décembre 1718 il est question d'un combat qu'il y a eu en Sicile près de Melazzo et le maréchal demande des détails : les noms des officiers, le nombre des régiments et compagnies, etc., etc., et l'on demande s'il est vrai que les Espagnols eussent pris la basse ville de Melazzo.

Le 24 décembre il est encore question d'une affaire de contrebande.

Le 30 janvier 1719, le maréchal demande des nouvelles du siège de Melazzo et que les Espagnols ne croyaient pas avoir autant de difficultés pour prendre cette ville.

3 février. — Demande de renseignements et l'on est étonné qu'on connaisse si peu ce qui se passe à Melazzo. M. de Laleverie (20 févr.) aurait écrit que les troupes allemandes campées près de Melazzo souffraient beaucoup et on croit qu'elles retourneront en Calabre, alors les Espagnols seront maîtres de la place. On écrit de Rome que le Cte de Daun est malade et qu'il a demandé à l'Empereur de lui donner un successeur.

6 mars. — Les Allemands auraient reçu de nouveaux secours ce qui prolongerait le siège de Melazzo.

13 mars 1719. — Les Espagnols auraient eu un échec qui met presque à rien leur marine. Ils ont perdu deux vaisseaux et sont hors d'état de s'opposer à la flotte commandée par l'amiral Bing.

27 avril. — La santé du Cte de Daun est toujours mauvaise.

Par sa lettre du 23 mai M. de Laleverie avait annoncé que ce jour partait de Baya un convoi de 170 bâtiments escortés par 7 vaisseaux de guerre anglais commandés par l'amiral Bing. Il est arrivé et a débarqué à St-Paty côte de Sicile.

20 juin. — Combat entre les Allemands et les Espagnols ; ces derniers prétendent avoir une victoire complète.

18 et 25 septembre. — Il est question de la prise de Messine citadelle et ville par les Allemands et de l'arrivée à Naples du Cardinal de Schrottenbak.

2 octobre. — Le Maréchal a eu avis que l'on embarque à Vado un corps de troupe considérable commandé par le Comte de Bonneval. La prise de la citadelle n'est pas confirmée. Le Cardinal de Schrottenbak a bien reçu M. de Laleverie.

23 octobre. — Les lettres d'Italie disent que la citadelle de Messine se défend avec beaucoup de valeur mais que l'armée du Marquis de Leyde n'est pas en état de secourir la place.

Je donne en entier la lette suivante qui donnera une idée des autres.

A Paris, le 4 décembre 1719.

J'ai reçu, Monsieur, la lettre que vous m'avez écrite le 31 octobre avec la capitulation de la citadelle de Messine. Je vous en remercie et des nouvelles que vous me mandez, je vous recommande de continuer à me faire part de celles particulières dont vous serez informé et en général des avis que vous aurez qui mériteront attention.

La prise de la citadelle de Messine augmente l'embarras où se trouvent les Espagnols en Sicile. Je serais curieux de savoir le parti qu'ils prendront et les mouvements qui s'y feront tant de leur part que de celles des troupes de l'Empereur, je vous recommande de ne me rien laisser ignorer de ce que vous apprendrez.

Vous avez bien fait de me mander qu'on a changé le pavillon des bâtiments Napolitains qui était blanc avec les armes de l'Empereur, au lieu qu'à présent il est jaune avec son quartier rouge sur lequel est l'aigle impériale ; marquez moi le motif qui a donné lieu à ce changement.

Je suis Monsieur tout à vous.

LE MARÉCHAL D'ESTRÉES.

Reprenons l'analyse des dernières lettres.

11 décembre 1719. — L'armée du Marquis de Leyde ne peut être que dans un très grand embarras en Sicile et l'on ne voit pas comment elle pourrait en sortir, puisque celle du Comte de Mercy qui lui est fort supérieure reçoit du royaume de Naples tous les secours dont elle a besoin.

15 janvier 1720. — On dit que les Allemands ont été débarqués à Trapany et que les Palermitains les ont appelés ; il est à croire que Palerme leur appartiendra bientôt.

12 février 1720. — Les Napolitains ont tout lieu d'être très contents du gouvernement de M. le Cardinal de Schrottenbak par rapport à son affabilité et à la justice dont il est amateur. Il y a apparence que la guerre de Sicile finira bientôt et que les Espagnols ne tarderont pas à évacuer le royaume.

La lettre suivante du Cardinal Dubois était adressée au Chevalier de Vincelles.

A Paris, le 28 Feuvrier 1720.

J'envoye, Monsieur, à M. de Chauvigny à Gênes une lettre de M. le Marquis Berretti, audi ambassadeur d'Esgagne à la Haye à M. le Marquis de Leyde par laquelle il lui donne avis qu'il a signé avec les Plenip[res] de l'Empereur, de France et d'Angleterre le traité de la quadruple alliance au nom du Roy Cat[e] son maitre et une lettre du Comte de Windisgratz envoyé de l'Empereur à la Haye et de M. de Penterriadler ministre plénipotentiaire de l'Empereur en France à M. le Comte de Mercy par lesquels ils lui donnent le même avis et une lettre de l'amiral Bing par laquelle on l'informe du même fait. Je prie M. de Chauvigny de faire passer ces lettres à Trapani si les vents ne sont pas absolument il ne croyait pas pouvoir les faire passer en Sicile, de vous les envoyer afin que vous profitiez de la première occasion pour les y faire tenir, de sorte que si M. de Chauvigny vous envoye ces lettres, je vous prie de les faire passer en Sicile le plus promptement et le plus surement qu'il vous sera possible, mais si M. de Chauvigny les y a fait passer lui-même, cette lettre ne servira que pour vous marquer que j'ai reçu la votre du 2 feuv[er] et que vous ferez plaisir à S. A. R. de continuer à rendre compte de ce que vous apprendrez. Les ordres que M. le Comte de Mercy et M. le Marquis de Leyde et M. l'amiral Bingh ont déjà reçu ou recevront incessament pour les premiers effets de l'acceptation que le Roy Cat[e] a faite de la quadruple alliance et consisteront en premier lieu, en une suspension d'armes générale en Sicile, 2° en une convention pour faire cesser toutes sortes d'hostilités dans toutes les mers entre les vaissaux des alliés quelque part qu'ils se rencontrent et dans quelque port qu'ils soient, 3° à régler toutes les mesures qu'il y aura à prendre pour l'évacuation de la Sicile et de la Sardaigne et le transport des troupes du Roy Cat[e] en Espagne après quoi il y aurait un Congrès que l'on croit devoir se tenir à Paris pour toutes les difficultés qui resteront à discuter et à résoudre. Il en est bon pour votre instruction que vous soyez informé que le Roy de la Grande Bretagne a fait offrir en tous temps au Roy d'Espagne par le canal de S. A. R. de lui restituer Gibraltar lorsqu'il accepterait le traité de la quadruple alliance cependant depuis l'acceptation pure et simple du Roy d'Espagne à ce traité, les Anglais font quelque difficulté de faire cette restitution, ce que S. A. R. croit contre son honneur, de sorte qu'elle sollicite vivement qu'on tienne la parole qu'elle a donnée par la permission du Roy d'Angleterre. Je vous informe de ce fait afin que sur cela vous teniez le langage qui convient et afin que si vous étiez à portée de voir M. l'amiral Bingh vous tâchiez de lui inspirer qu'il doit favoriser cette restitution au Roy d'Espagne tant par la reconnaissance qu'on doit à S. A. R. que parce que Gibraltar est si peu utile à l'Angleterre qu'elle ne doit pas y avoir de regret. On n'a point dessein de remettre dans nos troupes les déserteurs qui viennent de Sicile mais on sera bien aise de les faire passer si l'on peut dans les colonies ou leur condition sera meilleure encore que dans les troupes, et où ils épargneront d'autres hommes qu'il faudrait y employer. Ainsi S. A. R. vous prie de faire remettre ceux qui viendront à M. de la Motte. Je suis, Monsieur, avec toute l'estime possible entièment à vous.

Signé : Dubois avec paraphe.

Comme on l'a vu dans la lettre du 4 décembre 1719 et comme on le verra dans la lettre suivante le Maréchal félicite de lui rendre compte de ce qui se passe à Naples et en Sicile ; dans la dernière lettre que l'on verra ci-dessous le Maréchal remercie M. de Laleverie de lui avoir annoncé la mort du Chevalier de Vincelles avec lequel il ne devait pas être en très bons termes. Il avait dû s'en plaindre car dans sa lettre du 18 mars 1720 le Maréchal affirme que ni M. de Vincelles ni d'autres n'ont porté de plaintes contre M. de Laleverie.

A Paris, 25 Mars 1720.

J'ai reçu, Monsieur, la lettre que vous m'avez écrite le 27 du mois dernier par laquelle vous m'informez de la mort de M. le Chevalier de Vincelles. J'en ai été fâché ayant toujours donné des marques de son zèle pour le service du Roy et les intérêts de la nation.

Je vous remercie des nouvelles que vous me marquez, j'espère que vous continuerez à me faire part de celles particulières dont vous serez informé et des avis que vous aurez qui mériteront mention. Vous me ferez plaisir en ne me laissant rien ignorer de tout ce que vous apprendrez de Sicile et des mouvements qui se feront de part et d'autres. Il y a lieu de croire qu'ils se renfermeront à la sortie des Espagnols de cette ile et qu'il y aura en attendant une suspension d'armes, d'autant que le Roy Cath[e] a accepté les propositions de paix qui lui ont été faites et qu'il y a apparence que le traité en sera bientôt signé.

Je suis, Monsieur, tout à vous.

Signé : le Maréchal d'Estrées.

APPENDICE

Afin que le public soit instruit sur quel fondement sa Mté a pris la résolution, le 9 du présent mois de décembre 1718, de renvoyer le Prince de Cellamare, ambassadeur du Roy d'Espagne, et d'ordonner qu'un gentilhomme ordinaire de sa maison l'accompagnât jusqu'à la frontière d'Espagne, on a fait les copies de deux lettres de cet ambassadeur à Mr le Cardinal Alberony des 1er et 2e du présent mois, signées par ledt ambassadeur et entièrement écrites de sa main et sans chiffre.

LETTRES DU PRINCE DE CELLAMARE

AMBASSADEUR DU ROY D'ESPAGNE EN FRANCE, DONT L'UNE AVAIT POUR SUSCRIPTION PARA S. EMa ET L'AUTRE EN MANO PROPRIA DE S. Ema ET TOUTES DEUX RECOUVERTES D'UNE ENVELOPPE SANS SUSCRIPTION.

Ema et Reva Signore mio
Prône colmo.

Ho stimato più necessaria la cantela della sollecitudine nel presagliere il modo di transmettere a V. E. lacture scripture, epero ho posto questo piego in mano di D Vincenzo portocarrero fratello del conte del Montijo, che passa costi incaricandoli con summa premura di consegnarto all' E. V. etho sigillato doppiamente, emunito

Mr

J'ai trouvé plus nécessaire d'user de précaution, que de diligence dans le choix du moyen de faire passer à V. E. les papiers que j'ai enfermés icy ; ainsy j'ai mis ce paquet entre les mains de Don Vincens portocarrero frère du Comte de Montijo qui va où vous estez en le chargeant avec grand soin de le rendre à V. E. je l'ay cacheté doublement et j'y

con due sopracarte. Trouara V. E. in esso due minute diverse di manifesti segnate conli numeri 10 : et 20 : Lequali anno distese si nostri operarii eredendo che quanda si abbia da metter fuoco alla mina abbiano di servire di preliminare dell' jucendio. Una di esse e correlatina alle instauze della natione francese, delle quali maudai un ejemplare con il mio corriero straordinario a V. E. l'altra senza aver rapporto alle sopra mentonate instanze, espone gli agranij. Alli quali sogiace questo regno appogiando su questo fondamento le risolutioni di S. M^e cercando la convocatione delli stati in caso che per nostra disgratia siamo costretti di ricorrere a gl' extremi rimedij, e di dar principio alle imprese connerra che S. M. eliga una di queste due vie, eche viconosca la scrittura segnata n° 30 nella quale si nostri pastiali si avanzano a riuerentemente proporli tutti quelli mezzi che stimana confacenti anzi necessarij per la dempimento de nostri desiderii per evitare che si prevedano imminenti, eper assicurare la vita de S. M. C^{ma} ejt publico riposo. La scrittura signata n° 40 eun compendio di varie cose accadute in tempo di altre minorita il quale puio servire distruzzione valenole a regolare molte di quella misure che nel caso presente. Si si devono prendere per ultimo mando a S. E. nelli fogli separati con il n° 45 un catalogo delli nomi e delle qua-

ay mis deux enveloppes. V. E. trouvera dans ce paquet deux différentes minutes de manifestes cottés n° 10 et 20 que nos ouvriers ont composées, croyant, que quand il s'agira de mettre le feu à la mine, elles pourront servir de prélude à l'incendie. Une de ces minutes est relative aux instances de la nation française dont j'envoyay une exemplaire à V. E. par mon courrier extraordinaire ; l'autre sans avoir rapport à ces instances expose les griefs, que souffre ce royaume, en appuyant sur ce fondement les résolutions de S. M. et en demandant la convocation des Estats en cas que pour notre malheur nous soyons obligés de recourir aux remèdes extrêmes et de commencer les entreprises il sera bon que Sa M^{té} choisisse une de ces deux voyes et qu'elle examine l'écrit cotté n° 30 dans lequel nos partisans prennent la liberté de luy proposer avec respect tous les moyens qu'ils jugent convenables ou plustôt nécessaires pour l'accomplissement de nos désirs, pour éviter les malheurs que l'on prevoit estre prets d'arriver et pour assurer la vie de Sa Majesté très chrétienne et le repos public. L'écrit cotté n° 40 est un abrégé de differentes choses arrivées dans le temps d'autres minorités il peut servir d'instruction suffisante pour régler plusieurs des mesures que l'on doit prendre dans le cas présent. Enfin j'envoye à V. E. en feuilles separées sous le n° 45 un catalogue des noms

lita di tutti quelli officiali francesi, che cercano impiego nel servizio de S. M. et con vista di tutte queste memorie potra V. E. consultare, e il Ré risoluere quello che stimara piu confacente al suo servizio se la guerra eleViolenze ci costrignano ametter mana a ferri bisognara forte prima cheli nostri operaij perdanno il corraggio senza risparmiare, ne il tempo, nele offerte ne jl Denaro. Le paremo costretti ad accettare une pace simulata per mantenere qui jl fuoio sotto Leceneri, bisognara pure darli qualche moderato alimento ese la divina Misericordia distrugyesse le gelosia, elemale sodisfazioni presenti ; bastara per obligo di gratitudine protegara, et favorire quelli capi principati que al presente con tanto zelo s'interessano nel servizio di nostri Padroni, e disprezando jloro pericoli fin che S. M. non pigli risoluzioni decisini io procuro mantener viva labora buona volonta, e l'attontana di tutti l'impegni erinevente mente mi vassegno dell. E. V.

Parigi 1° di decem 1718.

et des qualités de tous les officiers français qui demandent de l'employ dans le service de S. M. Après que V. E. aura veu tous ces mémoires, elle pourra donner son avis sur ce qu'ils contiennent et Sa M^té^ prendra les résolutions qu'elle estimera les plus convenables à son service. Si la guerre et les violences nous forcent à mettre la main à l'œuvre, il faudra le faire avant que les coups, que l'on nous portera nous affaiblissent, et que nos ouvriers perdent courage sans épargner ni le temps ny les offres ny l'argent. Si nous sommes obligés d'accepter une paix simulée il faudra pour entretenir ici le feu sous la cendre luy donner quelqu'aliment modéré, et si la divine Miséricorde appaisait les jalousies et les mécontentements présents, il suffira par la reconnaissance à laquelle nous sommes obligés de protéger et de favoriser les principaux chefs qui s'intéressent présentement avec tant de zèle pour le service de nos maîtres en méprisant les dangers auxquels ils s'exposent, en attendant les résolutions décisives de sa M. je tache d'entretenir leur bonne volonté, et j'éloigne tout ce qui pourrait la rallentir.

Je suis avec respect de V. E.

A Paris, le 1er Décembre 1718.

P. S. — Oltre tutte le sopramento vate scritture remetto a V. E. quella segnata con jl n° 50 nella quale si dilvoida la

P. S. — Outre les écrits cydessus, je remets à V. E. celui qui est cotté n° 50, dans lequel on fait paraître la force et le

forza et il valare della due minutte diverse delli manifesti, e prevengo à V. E. etre a riguardo delle variazoni accorse, si epensato scotarsi da quella che io mandai con l'espresso con data del p° di agosto.

Em° e R^{mo} S. P.

O. N. P^{e} di Cellamare.

poids des deux différentes minutes des manifestes, et j'avertis V. E. qu'à cause des changements qui sont arrivés; on a jugé à propos de s'éloigner de celle que j'avais envoyée par un exprez datée du 1er aoust.

De V. E. très humble, etc.

N. P. de Cellamare.

Em° e Ren. Sg^{re} mìo Prône Col^{mo}

Il principale autore de nostri disegni mincarico premurosamente mezi sono d'incaminare a V. E. l'aclusa littera, con attestationi minissi me le instanze de M^{r}..... io tro dilatato questa commissione sia che nostro haurito sieura occasione di non esparre a qual che pericolo jl segreto, e presenta mente diro à V. E. che sento parlare di questo segyetto come di personna di gran merito, e che l'interesse chi tutto jl partito prende nelle sue convenienze ce grande mi estato pure proposto l'introdurre nel servizio di S. M. M^{r}... huomo di qualita, a perche viene raccomandato de nostri oderarij. L'ho. distinto del commune catalogo che transmetto à V. E. in oltre questi signori si anno detto die possono disperre della volonta di M^{r}... che et quello il quale fu qui dat Regento chiamato per commovere, secondo essi assermano, li micheletti di Catalogna e norrebbera assienrarsene maggi orrinente con qualiche gratificatione annuale a siu penzione.

M^{r}

Le principal àuteur de nos desseins me chargea avec empressement il y a quelque mois de faire passer à V. E. la lettre ci-jointe et d'accompagner les instances de M^{r}... des témoignagnes et des offices les plus pressants j'ay differé d'exécuter cette commission jusqu'à ce que j'aye eu une occasion seure pour ne point exposer le secret à quelque danger. Je diray presentement à V. E. que j'entends parler de ce sujet comme d'une personne de grand mérite, et que l'intérêt que prend tout le parti à ce qui le regarde est grand. Il m'a été proposé d'introduire au service de S. M^{té} M^{r}... homme de qualité et parce qu'il m'est recommandé par nos ouvriers je l'ai distingué du catalogue général que j'envoie à V. E. Au reste ces M^{rs} m'ont dit, qu'ils peuvent disposer de la volonté de M^{r} qui est celluy qui fut mandé icy par le Régent pour soutenir comme ils le disent, les miquelets de Catalogne, et ils voudraient s'en assurer davantage par

Memore delle risposte che V. E. diede alle mie propozizio in del jo di agosto passato deno significasti chele credenziali, che si cercavano erano da applicarsi alle offerte alle richiesse et alle proposizioni' che secondo le conjiunture donensi jo fare alti parlamenti al corpo della nobilta, eussi stati generali estre pero doue vana esser distere come in forma di plenipotenza la quale dourebe nello stetto tempo essore limitata da instruzzioni di S. M. per mio governa.

Quando si abbia da mettere mano a ferri, bisognara che S. M. scriva a tutti li parlamenti in quella confor̤mitta cheha gia fatto a quello di Parigi la dicui lettera vesta depositata nelli mie mani e per la via ordinaria mandara a V. E. un catalogo del numero dalli detti parlamenti e del mada com devono regolarsi la soprascritte.

Porrabbe durante le presenti parasatia accadere, il che dio non noglia qualche disgratia a S. M. X^ma^ et suplicaV. E. di riflettere, chẹ mane sande la vita pretiosa di questo monarca, io mi trouarei confieso, mancandomi de necessarie instruzzioni per oparare potrebbe altresi accadere che il Sr Duca di Orleans venisse a mancare, nel qual caso mi troue rei pure in gravissime perturbationi in ordine al nuovo melodo che potrebbe la regenza prendere a que si donesse o na per parte di S. M. facilitara.

Il signor Duca di Chartres potret be pretendere entrare del

quelque gratification annuelle ou par une pension.

Pour ce qui regarde les réponses que V. E. donna à mes propositions du premier aoust dernier, je dois luy marquer, que les lettres de créance que l'on demandait devoient avoir lieu pour les offres, les demandes et les propositions que j'aurais à faire selon les conjonctures aux Parlements, au corps de la Noblesse et aux Etats généraux et que pour cet effet elles devaient être dressées comme en forme de plein pouvoir qui seroit en même temps limité par les instructions de S. M^té^ pour ma conduite.

Quand il s'agira de mettre la main à l'œuvre, il sera nécessaire, que sa M^té^ écrive à tous les parlements conformement à la lettre qu'elle a déjà écrite au Parlement de Paris et qui est demeurée en despôt entre mes mains et j'envoyeray par la voye ordinaire à V. E. un catalogue du nombre de ces Parlements et de la manière dont on doit se regler pour les suscriptions.

Il pourrait arriver dans les agitations présentes, ce que Dieu veuille détourner, quelque malheur à S. M. T. C. et je supplie V. E. de faire reflexion que la vie précieuse de ce monarque venant à manquer je me trouverais embarrassé manquant des instructions nécessaires pour agir. Il pourroit aussy arriver, que M^r^ le Duc d'Orléans vint à manquer dans lequel cas je me

luogo del Padre et per nincer gl'ost acoli della sua tenera Eta sottopossi ad un conseglio consimile a quello che avena nel suo testamento istituito il monarca de fonto postrebbe pure il Sr Duca di Borbone pretendere in Exclusione del Giovane Duca di Chartres assumere quella autorita assoluta que presentamente il Sr Duca di Orleans exercita eanoi conviene prevedere questi casi e presæglie re quelli partiti che sono più utili per il servizio de S. M. si dicui affectionati servitori francesi inclinano più al primo che al secondo e io riverentemence mi rassegno di V. E.

Parigi 2 di decembre 1718 Devotmo e ubbid. servitre N. Pe de Cellamare.

trouverais dans des très grands embarras par rapport à la nouvelle forme que pourroit prendre la Régence et a ses vues qu'il conviendrait de faciliter ou non de la part de S. Mté.

Mr le Duc de Chartres pourroit prétendre d'entrer à la place du Père et pour surmonter les obstacles de sa jeunesse se soumettre à un conseil semblable à celluy que le feu Roy avoit institué dans son testament. Mr le Duc de Bourbon pourroit aussy prétendre à l'exclusion du Jeune Duc de Chartres à l'autorité absolue qu'exerce présentement Mr le Duc d'Orléans et il nous convient de prevoir ces cas, et de choisir les partis qui sont les plus utiles pour les services de sa Mté ses Zélés serviteurs francois penchent plus pour le premier que pour le second.

Je suis avec respect de votre E. très dévoué et très obéissant serviteur.

N. Pe de Cellamare à Paris le 2e Xbre 1718.

Lorsque le Service du Roy, et les précausions nécessaires pour la seureté et le repos de l'Estat permettront de publier les projets, manifestes et mémoires cottés dans ces deux lettres on verra toutes les circonstances de la détestable conjuration tramée par ledt ambassadeur pour faire une Révolution dans le Royaume.

FIN

Imp. BENDERITTER, 13-15, Rue Saint-Jacques, Le Mans — 13393

www.ingramcontent.com/pod-product-compliance
Ingram Content Group UK Ltd.
Pitfield, Milton Keynes, MK11 3LW, UK
UKHW022130190726
13855UKWH00003B/1090

9 782013 059312